Juristische Methodenlehre

von

Dr. Drs. h. c. Helmut Coing
Professor an der Johann Wolfgang Goethe Universität Frankfurt/M.

Sammlung Göschen Band 4012

Walter de Gruyter
Berlin · New York · 1972

Die Seiten 7–62 sind eine
Sonderausgabe
des VI. Kapitels
aus
„Grundzüge der Rechtsphilosophie"
2. Auflage, 1969

Satz und Druck: Mercedes-Druck, Berlin 61. – Printed in Germany.

ISBN 3 11 004111 1

VORWORT

Die gesonderte Herausgabe des 6. Kapitels meiner Rechtsphilosophie als Einführung in Probleme und Methoden der Rechtswissenschaft geht auf einen Wunsch des Verlages zurück. Sie erschien mir möglich, da dieses Kapitel in gewissem Sinne abgeschlossen und für sich verständlich ist. Es erschien mir aber zweckmäßig, den grundsätzlichen Standpunkt zu bezeichnen, von dem aus, wie die Rechtsphilosophie, so auch die hier gebotene Einführung in die Probleme der Rechtswissenschaft entwickelt worden ist.

Dieser Standpunkt läßt sich kurz dahin charakterisieren, daß das Recht als Kulturleistung des Menschen, als Antwort auf das Problem, eine möglichst gerechte Friedensordnung in einem Gemeinwesen zu schaffen, verstanden wird. In der Gestaltung der Rechtsordnung einer bestimmten Zeit sind sehr verschiedene Kräfte des Menschen wirksam: ethische Wertvorstellungen wie Machtwille und die Absicht der herrschenden Gruppe, ihre ökonomischen und politischen Interessen zu wahren. Was die Wertentscheidung angeht, so habe ich in meiner Rechtsphilosophie zwei Thesen aufgestellt:

1. daß die Ethik ein eigener Bereich des menschlichen Geisteslebens ist, d. h. daß die sittlichen Wertungen, wenn sie auch nicht aus den Gesamtbezügen des Lebens gelöst werden dürfen, doch nicht einfach als Ausdruck anderer Kräfte des Menschen aufgefaßt werden können, nicht auf solche Kräfte „reduziert“ werden dürfen, und auch nicht einfach als Produkt von sozialen Gegebenheiten erklärt werden können;

2. daß es möglich ist, die Bedeutung ethischer Werte für das menschliche Handeln in gewissen Grenzen eindeutig zu umschreiben, und daß sich solche Festlegungen in gewissem Umfange auch überhistorisch treffen lassen. In diesem Zusammenhang ist etwa ausgeführt, daß der Satz: „Es ist gerecht, in einem Rechtsstreit beide Parteien zu hören" nicht umkehrbar ist.

Diese Ansicht führt zu der Folgerung, die Rechtswissenschaft als eine praktischen Zwecken dienende, wenn man will „angewandte"

Geisteswissenschaft aufzufassen. Hinsichtlich der Methode führt sie zu der Forderung, daß die Rechtswissenschaft auf hermeneutische Methoden, wie sie insbesondere in den historischen Geisteswissenschaften entwickelt worden sind, nicht verzichten kann, um die Texte, mit denen sie zu arbeiten hat, zu verstehen; daß sie jedenfalls in bestimmtem Umfange sich auch der phänomenologischen Methode bedienen muß, wenn es nämlich gilt, den Inhalt bestimmter im Recht auftauchender ethischer Begriffe zu verdeutlichen.

Da die Rechtswissenschaft es mit dem Verstehen und der Anwendung von Normen zu tun hat, ist es m. E. verfehlt, sie pauschal als Sozialwissenschaft zu bezeichnen. Damit ist keiner falschen Spiritualisierung das Wort geredet. Daß das Recht es in weiten Partien mit wirtschaftlichen Tatbeständen zu tun hat, daß wie politischen, so auch wirtschaftlichen Interessen bei der Entstehung von Rechtsnormen oft eine entscheidende Rolle zukommt, ist damit nicht geleugnet: Die Aufhellung dieser Zusammenhänge ist gerade die Aufgabe der Anwendung geisteswissenschaftlicher Methoden; diese schließt historische Interessenanalyse durchaus ein. Niemand hat diesen Zusammenhang deutlicher gesehen als Heck, der Begründer der Interessenjurisprudenz. Dagegen steht die hier vorgeschlagene geisteswissenschaftliche Betrachtung *nicht* im Gegensatz zu den Bestrebungen, die Methoden der modernen Logik auf die Rechtswissenschaft anzuwenden. Denn wenn die Logik die Regeln für korrektes Schließen bietet und die moderne Logik für Aussagen und Schlüsse eine festgelegte Symbolik verwendet,so setzt die Anwendung dieser Methode voraus, daß *vorher* die mit den Mitteln der gewachsenen Sprache formulierten juristischen Normen in ihrem Sinne verstanden und die vorkommenden Worte aufgrund dessen in ihrer Bedeutung möglichst eindeutig festgelegt sind. Das heißt, die geisteswissenschaftliche Bearbeitung der gegebenen Texte muß der Anwendung der logischen Methode vorausgehen. Die „juristische Logik" in ihrer modernen Form stellt sodann fest, ob die ihrem Sinne nach festgestellte Norm bestimmte Schlußfolgerungen gestattet oder nicht. [1]

Ob es einmal möglich sein wird, die Normen selbst von der gewachsenen Sprache zu lösen, kann ich nicht beurteilen. Solange sie in einer gewachsenen Sprache formuliert werden, scheint mir jedenfalls ein Zusammenarbeiten beider Methoden unerläßlich zu sein. Keinesfalls darf man die gegenwärtigen Bestrebungen, die moderne

[1]) Vgl. dazu vorzüglich *Klug*, Juristische Logik (2.Aufl., §§ 1–3)

Logik in der Jurisprudenz zur Geltung zu bringen, als Wiederaufnahme der Begriffsjurisprudenz des 19. Jahrh. mißverstehen. Diese würde allerdings mit einer geisteswissenschaftlichen Methode nicht vereinbar sein, da sie das Recht mit Hilfe eines Systems allgemeingültiger vorgegebener Begriffe zu begreifen versucht hat, und eine Untersuchung der in ihm enthaltenen, nur geschichtlich zu verstehenden Wert- und Macht- (oder Interessen-)entscheidungen ablehnt.

Auf dieser Grundlage versuchen die folgenden Abschnitte eine erste Einführung in die Probleme der Rechtswissenschaft als wissenschaftliche Disziplin zu geben.

I.

In einer kritischen Gegenüberstellung des juristischen und philosophischen Denkens meint Kant etwas gönnerhaft vom Rechtsgelehrten: „Was Rechtens sei (quid sit iuris?) d. i. was die Gesetze an einem gewissen Ort und zu einer gewissen Zeit sagen oder gesagt haben, kann er wohl noch angeben ..." Das ist abschätzig gemeint, weil, wie Kant fortfährt, damit dem Juristen das Kriterium dafür, „woran man überhaupt Recht sowohl als Unrecht (iustum et iniustum) erkennen könne", verborgen bleibt[1]. Aber die Äußerung charakterisiert die Aufgabe des Juristen richtig, besonders wenn man in die Formel „Was Rechtens sei?" noch einfügt „Was *in einem bestimmten Falle* rechtens sei". Denn was die Gesetze sagen, interessiert den Juristen deswegen, weil er mit Rücksicht auf bestimmte Fälle Auskunft geben muß, was Recht ist. Die Frage beantwortet der Richter autoritativ, wenn er ein Urteil erläßt; aber ebenso muß sie der Anwalt sich stellen, wenn er einen Klienten berät, oder der Verwaltungsbeamte, der eine Anordnung treffen will. Das „Respondere" ist die Hauptaufgabe des Juristen; sie hat sein Denken recht eigentlich geprägt.

Freilich ist sie nicht die einzige; daneben steht von alters her die Aufgabe des Entwerfens juristischer Urkunden und Regelungen: das „Cavere" der römischen Jurisprudenz. Gewiß hat auch diese Tätigkeit das juristische Denken mitgeprägt, und klare und widerspruchsfreie Formulierung von Regelungen erwartet man von ihm. Aber Denkweise und Methode der Juristen sind doch in erster Linie von der Beurteilung der einzelnen Rechtsfrage her bestimmt.

Der Jurist muß den einzelnen konkreten Fall, den er beurteilen soll, mit den mehr oder weniger abstrakt gefaßten Regeln in Beziehung setzen, aus denen die positive Rechtsordnung besteht. Regel und Fall sind die beiden Termini seines Denkens. Seine Überlegungen gehen vom Fall zur Regel und von der Regel zum Fall, beide verglei-

[1] *Kant*, Metaphysik der Sitten (1797) Einleitung in die Rechtslehre (Inselausgabe von Weischedel) IV, S. 336.

chend, analysierend, abwägend. Der Fall wird im Hinblick auf die Regeln analysiert, die möglicherweise zur Anwendung kommen, die Entscheidung bestimmen können; umgekehrt wird die Regel im Hinblick auf bestimmte Fälle oder Fallgruppen interpretiert. Juristisches Denken ist insofern Urteilen; juristische Tätigkeit Ausübung der Urteilskraft.

Damit diese Beziehung der Regel auf den Fall hergestellt werden kann, muß man sich natürlich des Inhalts der Regel genau versichern; man muß sie verstehen, muß wissen, was sie bedeutet, um sie richtig anzuwenden, d. h. in den Fällen zur Geltung zu bringen, für die sie aufgestellt ist. Daher kommt der Auslegung der juristischen Regeln eine wichtige (wenn auch letzten Endes nur vorbereitende) Rolle im juristischen Denken zu, und die Jurisprudenz gehört insoweit zu den interpretierenden Wissenschaften.

Hier zeigt sich der Zusammenhang des juristischen Denkens mit der Hermeneutik als der allgemeinen Lehre von den Wegen, die zum Verständnis eines Textes führen. Denn die Probleme, die ganz allgemein bei der Auslegung eines Textes auftauchen, etwa die rechte Beachtung des Gesamtzusammenhangs oder die Berücksichtigung der Umstände, unter denen der Text zustande kam, stellen sich natürlich auch, wenn es um das Verständnis rechtlicher Regeln geht. Die Methoden, welche eine bestimmte Jurisprudenz bei der Auslegung ihrer Texte anwendet, die Gesichtspunkte, die sie dabei anerkennt oder verwirft, machen einen Teil ihrer kulturgeschichtlichen Eigenart aus; in diesen Punkten unterscheidet sich etwa die deutsche Pandektistik des 19. Jahrhunderts von der wertenden Interessenjurisprudenz unserer Gegenwart. So tritt neben die Ausübung der Urteilskraft als zweites Element juristischen Denkens die juristische Hermeneutik.

Kant meint in dem am Eingang zitierten Wort, die Frage „quid sit iuris" könne der Jurist aus dem geltenden Recht beantworten. So ist es glücklicherweise in den meisten Fällen, aber doch keineswegs immer. Es gibt — je nach Temperament von den einen beklagt, von den anderen gepriesen, aber jedenfalls nach aller bisherigen Erfahrung nicht wegzuleugnen — das Phänomen der „Lücke im Recht"; anders ausgedrückt, es gibt Fälle, für die die vorhandene Rechtsordnung keine passende Regel enthält. Dann erwächst dem Juristen die Aufgabe, eine Regel erst zu entwickeln, die den ungeregelten Fall zu lösen erlaubt. Dies ist die dritte, nach manchen die vornehmste Aufgabe des Juristen: das Recht durch Bildung neuer Regeln fortzuentwickeln.

Es ist für das Recht von außerordentlicher Bedeutung, daß für die Lösungen dieser Aufgaben möglichst sichere und nachprüfbare Methoden entwickelt werden. Es handelt sich hier nicht nur um die wissenschaftliche Qualität, die „Sauberkeit" des juristischen Denkens. Es besteht vielmehr auch eine unmittelbare Beziehung zu Grundfunktionen des Rechtes selbst. Dabei braucht man zunächst gar nicht an das Problem der Bindung an die Gerechtigkeit zu denken, die hier gemeinte Beziehung ergibt sich vielmehr schon aus der Aufgabe, Friede, Sicherheit sowie Gleichheit zu gewährleisten. Die rechtliche Norm ist häufig das Ergebnis weltanschaulich oder interessenmäßig bedingter politischer Auseinandersetzungen; ähnlich der Vertrag das Resultat mehr oder weniger „harter" Verhandlungen. Die Norm soll diesen Streit beenden; sie soll — und wenn auch vielleicht nur auf Zeit — die Auseinandersetzung abschließen. Dafür aber ist es wichtig, daß sie nun, soweit wie möglich, aus sich selbst heraus verstanden und ausgelegt wird, und nicht erneut in Anwendung und Auslegung zum Gegenstand politischer Entscheidung gemacht wird. Man hat gesagt, alle juristische Auslegung sei letzten Endes doch Willensentscheidung und damit Politik; aber das scheint mir ein grundsätzliches Mißverständnis der Funktion des Rechts als Friedensordnung zu sein. Gerade weil und wenn eine rechtliche Regelung aus politischen oder wirtschaftlichen Kämpfen hervorgeht, soll sie den Kampf beenden: die einmal erreichte und akzeptierte Ordnung soll jetzt gelten; diese Funktion verlangt, daß der Jurist, der sie praktisch anzuwenden hat, soweit wie möglich mit rationalen Methoden die Bedeutung der Norm herausarbeitet und zur Geltung bringt. Dieses Bestreben trifft auf Grenzen: aber deshalb darf es nicht von vornherein als sinnlos abgewiesen werden: der Jurist muß den Versuch machen, dem *Recht* zu dienen, dessen Entscheidungen zu vollziehen und nicht seine eigene an die Stelle zu setzen. Das kann er aber nur, wenn er sein Denken methodischen Grundsätzen unterordnet. Auch hier gilt es — ähnlich wie bei der Ethik — den Versuch rationalen, methodischen Verfahrens so lange zu unternehmen wie irgend möglich und nicht vorzeitig abzubrechen, weil er nicht in allen Fällen zum Erfolg führen kann.

Es wird die Aufgabe der folgenden Darlegungen sein, des näheren darzustellen, wie juristisches Denken diese Aufgabe lösen kann und lösen sollte (vgl. IV—V). Zuvor aber müssen wir, jedenfalls an einigen Beispielen, deutlich machen, wie verschieden die Wege sind, die man versucht hat zu gehen, und an welchem Punkt die heutige Diskussion, vor allem im Bereich des deutschen Rechtes, steht.

II.

Die Geschichte des geordneten Rechtsdenkens ist noch nicht geschrieben[1]. Ebensowenig existiert eine Universalgeschichte der Rechtswissenschaft[2]. Das macht es außerordentlich schwierig, allgemein über juristisches Denken zu sprechen. Unwillkürlich denkt jeder Autor in den Kategorien seines eigenes Rechtssystems und übersieht die anderen Denkweisen, die es außer diesen gibt oder in anderen Kulturen gegeben hat. Daß wir noch keine umfassenden Analysen dieser anderen Systeme haben, erschwert die Kritik, die Relativierung der eigenen Erfahrung.

Immerhin soll der Versuch gemacht werden, wenigstens Hinweise auf einige andere juristische Denkweisen zu geben, ehe sich die Darstellung den methodischen Problemen zuwendet, wie sie sich für unser, d. h. hier das kontinentaleuropäische kodifizierte Recht im besonderen darstellen. Es ist das gewissermaßen ein „Caveat", das daran erinnern soll, wie verschieden sich die methodischen Fragen — bei voller Übereinstimmung in der Zielsetzung und in der Grundproblematik, etwa dem Lückenproblem — für verschiedene Zeiten und Systeme im einzelnen stellen.

Denn natürlich ist die Technik, die Methode, welche die Jurisprudenz einer bestimmten Zeit verwendet, von vielen rechtlichen und außerrechtlichen Gegebenheiten bedingt. Was die rechtlichen Faktoren angeht, so ist die Eigenart des vorhandenen Rechts, der Quellen des positiven Rechts von großer Bedeutung. Die Probleme liegen anders, je nachdem ob eine Kodifikation oder nur eine fragmentarische Gesetzgebung vorhanden ist. An außerrechtlichen Daten

[1] *Steinwenter,* Prolegomena zu einer Geschichte der Analogie, Festschrift Schulz II (1951), S. 345 ff. Steinwenter selbst hat eine Reihe von wichtigen Arbeiten zur Geschichte des Analogieschlusses vorgelegt; außer den eben erwähnten Prolegomena I die Aufsätze „Prolegomena zu einer Geschichte der Analogie II" in Studi in onore di Vincenzo Arangio-Ruiz II (1953), S. 169 ff. und „Analoge Rechtsanwendung im Römischen Recht" in Studi in memoria di Albertario II (1953), S. 105 ff. Leider gehen diese Untersuchungen nicht von dem allgemeinen philosophischen Begriff der Analogie, sondern von dem sehr speziellen der modernen deutschen Auslegungslehre aus.

[2] Der Plan von *De Zulueta* und *Hermann Kantorowicz,* eine umfassende Geschichte der Rechtswissenschaft herauszubringen, die Oxford History of Legal Science, hat leider durch den letzten Krieg nicht ausgeführt werden können. Vgl. über den Plan *Fritz Schulz* im Vorwort zur deutschen Ausgabe seiner „Geschichte der Römischen Rechtswissenschaft" (1961) und *Goodhart* im Vorwort zu Kantorowicz' Schrift „The Definition of Law" ed. by Campbell (1958).

kommt der politischen Verfassung, der Stellung des Richtertums im Verhältnis zur politischen Zentralgewalt große Bedeutung zu; ebenso prägen aber auch die wissenschaftlichen Methoden einer Zeit den juristischen Denkstil mit: die Rechtswissenschaft sieht in der Zeit der Scholastik anders aus als unter dem Einfluß des philosophischen Positivismus.

Um dies deutlich zu machen, mag es genügen, einige Schlaglichter zu setzen, welche einige wichtige Epochen beleuchten. Ich greife, dem begrenzten Stand der eigenen Einsicht entsprechend, die folgenden heraus: die römische Rechtswissenschaft der klassischen Zeit, die Anwendung des römischen Rechts im Mittelalter — was Kantorowicz als „scholastische Rechtswissenschaft" bezeichnet hat —, die Systematik der Pandektistik und die klassische Auffassung der „Exégèse" des Code in Frankreich. Dann sollen einige Hinweise auf das angloamerikanische Rechtsdenken folgen.

1. Die klassische römische Jurisprudenz entwickelte sich unter einer Rechtsordnung, die in vieler Hinsicht, vor allem im Privatrecht, nicht mehr als einen Rahmen bot. Die Gesetzgebung beschränkte sich sowohl in der Republik wie in der Zeit des Prinzipats auf die Regelung einzelner, sehr spezieller Materien; das prätorische Recht war schon deswegen nicht vollständig, weil es — ähnlich der englischen Equity in ihrem Verhältnis zum älteren Common Law — nur eine ergänzende Rechtsordnung war; es war „adiuvandi vel supplendi vel corrigendi iuris civilis gratia" geschaffen[3]. Außerdem war es nicht in der Form materieller Rechtssätze niedergelegt; das Edikt des Prätors, in dem es enthalten war, bestand vielmehr in der Hauptsache aus der Verheißung von Klagen für bestimmte Tatbestände und Formeln für die Durchführung von Prozessen. Daher fehlten nicht nur bestimmte Materien — etwa die Regeln über Vertragserfüllung und Leistungsstörungen — sondern auch da, wo das Edikt eine Klageformel bot, wie etwa beim Kaufvertrage, war diese Formel oft nur ein Rahmen, der zur praktischen Anwendung einer Ausfüllung bedurfte.

Die damit gegebene Aufgabe konnte die Rechtsprechung nicht lösen, weil sie in der klassischen Zeit durch Geschworene, also in der Regel Laien, ausgeübt wurde, die ihren Spruch nicht begründeten. Erst mit der allmählichen Entwicklung des kaiserlichen Consiliums zur obersten gerichtlichen Instanz des Reiches entstand ein mit Berufsrichtern besetztes Gericht. Der Einfluß der Juristen äußerte sich daher in anderer Form, der des „Responsum". Es handelt sich um eine später wohl regelmäßig schriftlich erteilte Auskunft über eine bestimmte Rechts-

[3] *Papinian,* D 1. 1. 7. 1.

frage, die von einer Partei einem Juristen vorgelegt war; das Responsum wurde im Streitfalle dann dem Gericht vorgelegt. Das Responsum teilt regelmäßig nur die Rechtsauffassung des Gefragten mit, und zwar in knappster Form. Regelmäßig wird nur gesagt, ob eine Klage gegeben sei oder nicht. Begründungen sind selten. Die Juristen sind dafür berühmt, daß sie auf Begründung verzichten[4]. Die Autorität des Responsum beruht auf dem persönlichen Ansehen des Juristen, der in dieser Zeit stets der römischen Oberschicht angehört. Daher begnügt er sich festzustellen, dies halte er für wahr und richtig[5]. Die Responsa betreffen, ihrer Entstehung entsprechend, stets Einzelprobleme, wie sie aus konkreten Fällen erwachsen. Die römische Rechtswissenschaft stellt sich daher zunächst als eine unendliche Fülle solcher Detailentscheidungen dar, die in freier Diskussion gefunden und fortentwickelt werden. Prinzipien, regulae, hat daraus erst eine spätere Zeit entwickelt; für die klassische Zeit steht die Einzelentscheidung im Vordergrund; es gilt der Satz „Non ex regula ius sumatur, sed ex iure quod est regula fiat" (D 50.17.1). Dementsprechend bilden Sammlungen von Responsa und Kommentare, die materialmäßig weitgehend auf ihnen beruhen, die Hauptbestandteile der klassischen Rechtsliteratur der Römer. Obwohl die römischen Juristen uns den Gedankengang, der zu ihrem Ergebnis geführt hat, in der Regel nicht mitteilen, hat es natürlich Gesichtspunkte, Regeln gegeben, die ihr juristisches Denken leiteten. Im einzelnen ist hier freilich noch vieles unsicher und bestritten. Eine große Rolle spielten sicher sprachliche Gesichtspunkte; das legte schon der Wortformalismus nahe, der in der Entwicklung des römischen Rechts eine so große Rolle gespielt hat. Der klassische Jurist benutzt die Ergebnisse der griechischen Sprachtheorie, die Grundsätze der Grammatik, aber auch z. B. die Etymologie. Er benutzt ferner die Methode der griechischen Wissenschaftslehre, wie sie insbes. im Anschluß an Platons Logik entwickelt worden war: die Festlegung leitender Begriffe, die Unterscheidung von Arten und Unterarten (genera, species), die unter solche Begriffe fielen, und damit die begriffliche Durchdringung des Rechtsstoffes[6].

[4] vgl. die von *Schulz*, Geschichte der römischen Rechtswissenschaft (1961). S. 147 zitierten Seneca-Stellen.

[5] vgl. die Beispiele bei *Schulz* aaO., S. 146/147.

[6] Zur Entfaltung dieser Methode in den Einzelwissenschaften und ihrem Einfluß auf die Jurisprudenz vgl. die Arbeiten von *La Pira*, La genesi del sistema nella giurisprudenza Romana: I. Problemi generali, in: Studi in onore di F. Virgili (1935); II. L'arte sistematrice, Bullettino dell' Istituto di diritto Romano 42 (1934), S. 336 ff.; III. Il metodo, Studia et Documenta

Auf der Verwendung dieser Technik beruht insbes. das Lehrbuch des Gaius (ca. 160 nach Chr.), das ein für Lehrzwecke ausgearbeitetes System des Privatrechts bietet, welches die juristische Systematik über 1½ Jahrtausende mitbestimmt hat. Gering ist der Einfluß rechtsphilosophischer Theorien, sehr umstritten, welche Bedeutung die Lehren der antiken Rhetorik gehabt haben[7].

2. Die Rechtswissenschaft des Mittelalters ist eine Universitätsdisziplin. Der Unterricht an der scholastischen Universität und seine Veranstaltungen haben sie ursprünglich geprägt. Wie mittelalterliche Wissenschaft überhaupt, vermittelt sie zunächst die Beherrschung autoritativer Bücher, die — wie in den anderen Disziplinen — der Antike entstammen: in der Legistik herrscht das Corpus Iuris, in dem Justinians Gesetzgebung den Hauptteil ausmacht; im Kanonischen Recht zunächst Gratians Decretum (ca. 1140), das kirchliche Quellen ebenfalls von der Spätantike an zusammenstellt; später die Dekretalensammlungen der Päpste. Die zeitgenössischen Rechtsquellen spielen sonst im Unterricht keine Rolle; in der Praxis werden sie natürlich beachtet, aber in das allgemeine Recht, das Ius Commune, das die Universität lehrt, eingeordnet und aus ihm erklärt.

Die mittelalterliche Rechtswissenschaft ist durchaus am Einzeltext orientiert, und das heißt angesichts der Eigenart der römischen Rechtssammlungen und des Umstandes, daß auch die Dekretalensammlungen Einzelentscheidungen enthalten, am Detail, an der Kasuistik. Der Einzeltext wird erklärt, sorgfältig mit Parallel- und Konträrstellen verglichen. Mit Hilfe höchstentwickelter Definitions- und Unterscheidungskunst wird die Harmonisierung der Quellen erreicht; Unterschiede, die sich aus den verschiedenen historischen Schichten erklären, deren Material die Rechtssammlungen vereinigen, werden durch logische Operationen (Unterscheidungen der vorkommenden Begriffe, etwa dominium, nach verschiedenen Bedeutungen, Einschränkung oder Ausdehnung der Geltung eines Satzes usw.) ausgeglichen. Historische oder gar soziologische Gesichtspunkte fehlen. Der Text wird logisch-grammatisch und damit — für uns — seltsam abstrakt aufgefaßt. Dafür gilt für die Erörterung von Zweifelsfragen das bekannte strenge scholastische Schema: These — Gegenthese — Solutio jeweils mit Anführung der Texte, auf die man sich stützt.

Historiae et Iuris 1 (1935), S. 319 ff.; IV. Il concetto di scienza, Bullettino 44 (1936), S. 131 ff.

[7] Betont wird dieser Einfluß von *Stroux*, Römische Rechtswissenschaft und Rhetorik (1949), S. 23 ff., 102 ff.; die herrschende Auffassung ist eher skeptisch: vgl. *Schulz*, aaO., S. 92/93.

Das Modell der Erörterung des Einzelfalls oder einer einzelnen Auslegungsfrage ist die Schuldisputation der Universität, die Quaestio disputata. In ihr wird die Lösung einer Einzelfrage in offener Diskussion gesucht; es handelt sich um eine ausgesprochene und hoch stilisierte Form des Problemdenkens. Die Argumente der Lösung sind stets Einzeltexte aus dem Corpus Iuris Civilis (oder Canonici). Schon im normalen Unterricht wird bei der Behandlung der Einzelstelle auf deren Bedeutung als Argument hingewiesen und zu diesem Zweck werden besondere Sammlungen (sogen. Brocarda oder Brocardica) geschrieben. Später dienen große Repertorien der Zusammenstellung von Regeln, die als Argumente gedacht sind, und dem Nachweis der Texte, auf dem sie beruhen[8]. Entsprechend ist die Behandlung der Fälle in der Praxis.

Die mittelalterliche Rechtswissenschaft hat viele Tausende von Gutachten, sogen. Consilia hervorgebracht, die für Parteien oder Gerichtsherren erstattet worden sind. Auch sie gehören also zur kasuistischen Literatur, sind aber ganz anders gebaut als die römischen Responsa. Die einzelnen Probleme des Falles werden nacheinander vorgenommen und nach der Weise der Quaestio in Erörterung und Abwägung der Gegenargumente gelöst; dabei geben stets die autoritativen Quellenstellen das Argument ab. Anders als bei den Römern liegt der Gedankengang des scholastischen Juristen deutlich vor uns[9]. Freie Erwägungen der Billigkeit oder der Interessenwürdigung fehlen: stets denkt der mittelalterliche Jurist mit Hilfe eines Textes aus der Quelle. Dabei zeigt die Kombination dieser Texte, ihre Verwendung im ganzen der Argumentation, oft nicht nur bewundernswerte Beherrschung des riesigen Stoffes, sondern auch ein tiefes Eindringen in den materialen Grundgedanken, die tiefere Bedeutung einer Stelle, soweit eine unhistorische, rein logische Interpretation ihn bloßlegen kann.

3. Es ist von hohem Reiz, diese Form juristischen Denkens derjenigen der deutschen Pandektistik oder der französischen Ecole de l'exégèse des 19. Jahrhunderts gegenüberzustellen. Beide Schulen arbeiten auf Grund autoritativer Texte — wie die des Mittelalters — die Pandektistik sogar mit denselben wie jene — und doch: wie anders ist das Bild, das sie bieten.

[8] Zur mittelalterlichen Quaestio vgl. *H. Kantorowicz*, The Quaestiones Disputatae of the Glossators, Tijdschrift voor Rechtsgeschiedenis 16 (1939) 1 ff.; zur Verwendung der Texte als Argumentation *Weimar*, Argumenta Brocardica, in: Studia Gratiana XIV (1967), 89 ff.

[9] vgl. *Coing*, Die Anwendung des Corpus Iuris in den Consilien des Bartolus, Studi in memoria di P. Koschaker (1954) I, S. 71 ff.

Die Methode des modernen kontinentalen Juristen wird, namentlich von angelsächsischer Seite, gerne dahin charakterisiert, daß der kontinentale Jurist von der Norm ausgehe und darunter den Fall subsumiere, während der europäische Angelsachse empirisch verfahre und daher vom Fall her induktiv seine Regeln „bilde“[10]. Es mag im Augenblick dahingestellt bleiben, wieweit diese Charakteristik heute wirklich noch zutrifft: sicher ist jedenfalls, daß sich in der Denkweise der kontinentalen Juristen in den ersten Jahrhunderten der Neuzeit eine Änderung gegenüber der Scholastik vollzogen hat. Während diese mit dem Einzeltext arbeitete, bildet man jetzt aus den Einzeltexten *Prinzipien* und bringt *diese* bei der Fallösung zur Anwendung. Rein äußerlich zeigt sich der Wandel darin, daß nunmehr in den Darstellungen des Römischen Rechts der Autor die Rechtssätze selbst formuliert und die Einzeltexte, aus denen diese Rechtssätze entwickelt sind, in die Fußnoten verweist[11]. Die einzelnen Phasen des Vorganges sind noch nicht voll erforscht: aber Ausgangspunkt und Endpunkt der Entwicklung stehen fest; dieser ist das Denken aus Prinzipien heraus. Diese Wendung ist eine der inneren Voraussetzungen der modernen Kodifikation, aber auch der Methode der deutschen Pandektistik des 19. Jahrhunderts.

Was diese hinzufügt, ist die besondere Rolle, welche sie dem Rechtssystem und den begrifflich festgelegten Instituten gibt, aus denen es besteht.

Die Grundelemente dieser Auffassung sind schon bei Savigny in seinem „System des heutigen römischen Rechts“ (1840) entwickelt. Savigny unterscheidet scharf zwischen der einzelnen positiven Rechtsregel und dem Rechtsinstitut, zu dem diese Regel gehört. Solche Rechtsinstitute sind z. B. Ehe, väterliche Gewalt, Verwandtschaft, Vormundschaft, Sachenrechte, Obligationen, Erbrecht[12]. Die richtige Erkenntnis des Wesens dieser Rechtsinstitute, wie es dem positiven Recht zugrunde liegt, ist nun für den Juristen von entscheidender Bedeutung; sie ist wichtiger als die der einzelnen Regel. Denn im Volke — hier muß man sich erinnern, daß für Savigny das Recht Ausdruck des Volksgeistes ist — leben nicht die einzelnen Rechtssätze, sondern „die lebendige Anschauung der Rechtsinstitute in ihrem organischen Zusammenhang“[13], und der Gesetzgeber gestaltet die Einzelregel aus der Anschauung, die er sich von dem Rechtsinstitut als Ganzes, etwa vom Wesen der Ehe gebildet hat.

[10] vgl. z. B. *Allen*, Law in the Making (5. Aufl. 1951), S. 336 ff.

[11] Dieses Bild bietet schon *Domat's* Werk „Les lois civiles dans leur ordre naturel“ (1689—1697).

[12] *Savigny*, aaO., I, S. 388.

[13] aaO., I, S. 16.

Daher ist die Erkenntnis der Rechtsinstitute zunächst die Grundlage der Auslegung der Einzelregel; es ist die Aufgabe der Wissenschaft, die Beziehung festzustellen, in welcher die einzelne Norm zum Institut steht[14]. Diese Erkenntnis ist aber ebenso die Grundlage der Rechtsanwendung. Denn wenn ich eine konkrete Lebensbeziehung unter die Regeln des positiven Rechts subsumieren will, sie also als Rechtsverhältnis auffassen will, so kann ich das nur tun, indem ich diese konkrete Lebensbeziehung, den Fall, daraufhin prüfe, zu welchen *Rechtsinstituten*, z. B. Vertrag, Sacheigentum, Erbrecht usw. er in Beziehung steht. Erst wenn ich dies weiß, werde ich zu den anzuwendenden Einzelregeln geführt[15].

Außerdem kann ich durch Zurückgehen auf das Rechtsinstitut eventuelle *Lücken* in der positiven Regelung schließen, indem ich aus der Anschauung des Instituts selbst die fehlende Norm gewinne oder eine neue Lebenserscheinung überhaupt nach Analogie eines vorhande-

[14] aaO., I, S. 48.

[15] *Savigny* führt aaO., I, S. 9 aus:

„Das Urteil über das einzelne Recht ist nur möglich durch Beziehung der besonderen Tatsachen auf eine allgemeine Regel, von welcher die einzelnen Rechte beherrscht werden. Diese Regel nennen wir *das Recht* schlechthin, oder das allgemeine Recht: Manche nennen sie das Recht im objektiven Sinn. Sie erscheint in sichtbarer Gestalt besonders in dem Gesetz, welches ein Ausspruch der höchsten Gewalt im Staate über die Rechtsregel ist.

So wie aber das Urteil über einen einzelnen Rechtsstreit nur eine beschränkte und abhängige Natur hat, und erst in der Anschauung des Rechtsverhältnisses seine lebendige Wurzel und seine überzeugende Kraft findet, auf gleiche Weise verhält es sich mit der Rechtsregel. Denn auch die Rechtsregel, so wie deren Ausprägung im Gesetz, hat ihre tiefere Grundlage in der Anschauung des *Rechtsinstituts*, und auch dessen organische Natur zeigt sich sowohl in dem lebendigen Zusammenhang der Bestandteile, als in seiner fortschreitenden Entwicklung. Wenn wir also nicht bei der unmittelbaren Erscheinung stehen bleiben, sondern auf das Wesen der Sache eingehen, so erkennen wir, daß in der Tat jedes Rechtsverhältnis unter einem entsprechenden Rechtsinstitut, als seinem Typus, steht, und von diesem auf gleiche Weise beherrscht wird, wie das einzelne Rechtsurteil von der Rechtsregel. Ja es ist diese letzte Subsumtion abhängig von jener ersten, durch welche sie selbst erst Wahrheit und Leben erhalten kann."

Savigny führt dann die Analyse eines Falles der Digesten (D 12.6.38 pr.) nach dieser Methode durch. Besondere Bedeutung hat diese Auffassung Savignys in seinem internationalen Privatrecht erlangt. Vgl. dazu *Coing*, Rechtsverhältnis und Rechtsinstitution im allgemeinen und internationalen Privatrecht bei Savigny, in: Eranion in honorem G. S. Maridakis (1964) III, S. 19 ff.

nen Rechtsinstituts behandele[16]. Die Kenntnis des Instituts und seines Wesens ist also, wie spätere Pandektisten sagen, „produktiv"[17], sie erlaubt die Fortentwicklung und Anpassung des Rechts.

Für Savigny besteht danach das positive Recht sozusagen aus zwei Schichten: einer niederen, das sind die positiven Einzelnormen; und einer höheren, das sind die Rechtsinstitute, die sich ihrerseits zum *System* zusammenschließen. Erst der Rückgang auf diese höhere Schicht, das System, macht Verständnis und Anwendung der Einzelnormen möglich. Daher muß das Bemühen der Wissenschaft in erster Linie darauf gerichtet sein, das Wesen der Rechtsinstitute durch Synthese aus den Einzelnormen zu erkennen und begrifflich festzulegen. Nicht die unmittelbare Analyse der Einzelnorm, sondern die Erkenntnis der Rechtsinstitute, die hinter ihr stehen, die sogen. „Konstruktion" der Einzelnormen, ist Aufgabe der Rechtswissenschaft — ebenso wie die Beziehung auf Rechtsinstitute für den einzelnen praktischen Fall Aufgabe der Praxis ist: beide sind daher in ihrer Arbeit auch durchaus verwandt[18].

Wie diese Aufgabe im einzelnen zu lösen ist, darüber hat Savigny selbst keine Grundsätze aufgestellt. Die deutsche Rechtswissenschaft der Mitte des 19. Jahrhunderts suchte ihr durch rein begriffliche Festlegungen gerecht zu werden: aus dem Denken in Rechtsinstituten wurde dadurch die Begriffsjurisprudenz, die Ihering in seinem „Geist des römischen Rechts" zunächst ausführlich dargestellt hat[19] und in einem späteren Bande des gleichen Werkes auf das schärfste bekämpft hat. Bei ihr stehen über den Einzelnormen die systematischen Begriffe, und das positive Recht ist erst aus diesem Begriffssystem auszulegen und anzuwenden, das einerseits als ihm vorausliegend gedacht wird, andererseits aber bei der „Konstruktion" auch wieder von ihm abhängig ist[20].

Damit wird sowohl die Arbeit der Wissenschaft wie die des Richters zu einer rein logischen Tätigkeit: Die im Spiele stehenden Interessen und Wertungen treten nicht mehr in Erscheinung. Rudolph Sohm konnte am Ende des Jahrhunderts sagen:

[16] *Savigny*, aaO., I, S. 291.

[17] *Jhering*, Geist des römischen Rechts II/2 (5. Aufl. 1868), S. 386 ff.

[18] vgl. *Savigny*, aaO., I, S. 8—11.

[19] *Jhering*, Geist des römischen Rechts II/2 (1858), §§ 39—41.

[20] Das ergibt sich insbes. aus dem von Jhering aufgestellten „Gesetz der Deckung", d. h. dem Postulat, daß der Begriff eines Instituts mit jeder Norm, die ihm unterfällt, vereinbar sein muß.

„Wissenschaftliches Denken heißt Herrschaft über das Gegebene dadurch, daß wir es Begriffen unterordnen. Genau so in der Rechtswissenschaft. Mit Hilfe verhältnismäßig weniger Begriffe *beherrschen* wir die Welt des Rechts. Der Blick auf die Zwecke des Rechts („Interessenjurisprudenz") führt uns zu dem sachlichen Inhalt der Rechtssätze. Die Darstellung in der Form der Begriffsentwicklung („Begriffsjurisprudenz") gibt diesem Inhalt die wissenschaftliche, ja, die künstlerische Gestalt.

Der Form nach verschwindet durch die Vorherrschaft des Begriffes die Positivität des Rechts. Die Wissenschaft verfährt, als ob sie die Rechtssätze aus gewissen allgemeinen Prinzipien frei hervorbrächte. Nur dadurch *begreifen* wir das Recht. Nur dadurch wird das künstlerische Bedürfnis des menschlichen Geistes befriedigt, jenes Verlangen, welches die Herrschaft des Stoffes verabscheut."[21]

4. In Frankreich entwickelt sich zur gleichen Zeit eine Rechtslehre, die den Geist der modernen Kodifikation, wie sie das 18. Jahrhundert hervorgebracht hatte, in scharfer Konsequenz entfaltet[22].

Die Grundlage dieser Methode ist die verfassungsrechtliche Auffassung, daß gemäß der Gewaltenteilungslehre die Befugnis, Normen zu erlassen, ausschließlich bei der *Legislative* liegt. Der Richter ist dem Gesetz unterworfen; er darf, konfrontiert mit dem konkreten Fall, nur aussprechen, was der Gesetzgeber in abstrakter Form dazu gesagt hat[23]. Philosophisch ist die Verwandtschaft mit dem Positivismus deutlich. Aus dieser Ansicht folgt zunächst, daß das Gesetz die einzige und ausschließliche Quelle ist, aus der der Richter eine Entscheidung gewinnen kann. Es gibt daneben weder Gewohnheitsrecht noch Billigkeit oder Präjudizien.

Diese Auffassung hat zur weiteren Folge, daß das Gesetz, da es die einzige Rechtsquelle ist, auch als *vollständig* angesehen wird. Alle Fälle, die vor den Richter kommen, sind aus dem Gesetz und nur aus ihm zu lösen. Eine Klage oder eine Einwendung, die nicht auf einen gesetzlichen Text gestützt werden kann, ist zurückzuweisen.

[21] *Sohm-Mitteis-Wenger,* Institutionen des Römischen Rechts (17. Aufl. 1926) Einleitung, S. 32.

[22] Die sogen. Ecole de l'exégèse, vgl. *Bonnecase:* La pensée juridique française de 1804 à l'heure présente (1933) insbes. I, S. 234 ff., S. 288—347; *E. Gaudemet,* L'interprétation du Code Civil en France (1935). Kritische Schilderung der entsprechenden Periode in Österreich unter dem ABGB: *Unger,* Schletter's Jahrbücher I (1855), S. 353—359. Zusammenfassende kritische Darstellung bei *Gény,* Méthode d'interprétation et sources en droit privé positif (2. Aufl. Neudruck 1954) I, S. 28 ff.

[23] vgl. zu der hier zugrundeliegenden Rechtsquellenlehre Coing, Grundzüge der Rechtsphilosophie, S. 280 ff.

Dabei braucht nicht untersucht zu werden, ob die Fallgestaltung, aus der die betreffende Klage oder Einwendung erwächst, dem Gesetzgeber gegenwärtig gewesen war oder nicht. Denn es ist eben nicht Aufgabe des Richters, das Gesetz fortzuentwickeln: dies bleibt dem Eingreifen der Legislative vorbehalten.

Die Rechtswissenschaft ist darauf beschränkt, das Verständnis der Texte, der Einzelnormen des Gesetzes, herzustellen. „Ma profession de foi est ainsi: les textes avant tout."[24] In scharfem Gegensatz zur deutschen Pandektistik wird jeder Rückgriff auf die hinter dem Text liegenden Grundinstitute abgelehnt. Einem Autor dieser Schule wird das Wort zugeschrieben: Je ne connais pas le droit civil, je n'enseigne que le code Napoléon[25]. Die Einzelexegese wird mit den Mitteln der logisch-grammatischen Auslegung durchgeführt. Wertungen und Interessenwürdigung bleiben außerhalb der wissenschaftlichen Auslegung.

Freilich entwickelt selbst diese Theorie der rigorosen Gesetzestreue gewisse Möglichkeiten, das vorhandene positive Recht der fortschreitenden Entwicklung anzupassen. Dies geschieht einmal durch die Analogie, die als zulässiges Mittel der juristischen Logik angesehen wird. Es geschieht aber vor allem dadurch, daß das Gesetz objektiv verstanden und durchaus von den subjektiven Vorstellungen des historischen Gesetzgebers abgelöst wird. Diese Theorie ist die unmittelbare Folge der Auffassung, daß allein der *Text* des Gesetzes maßgebend sei. Damit wird es möglich, den Text nicht aus der Vorstellungswelt des Gesetzgebers, sondern aus derjenigen der eigenen Zeit zu verstehen und ihm damit u. U. einen ganz anderen, neuen Sinn abzugewinnen und damit gegebenenfalls das Gesetz neuen Anschauungen und Verhältnissen anzupassen. Ein berühmtes Beispiel im französischen Recht ist der Versuch, aus der Bestimmung des Art. 1384 C. c. eine objektive, von Verschulden unabhängige Risiko- und Schadenshaftung des Sacheigentümers abzuleiten, der Ende des 19. Jahrhunderts von Saleilles und Josserand unternommen wurde. Der Text dieser Bestimmung lautet:

„On est responsable non seulement du dommage que l'on cause par son propre fait, mais encore de celui qui est causé par le fait des personnes dont on doit répondre, ou des choses que l'on a sous sa garde."[26]

[24] *Demolombe,* hier zitiert nach *Gény,* aaO. I, S. 30.

[25] vgl. *Gény,* aaO. I, S. 30.

[26] vgl. die Übersicht bei *Planiol-Ripert,* Traité Elémentaire de Droit Civil II (3. Aufl. 1949) Nr. 1042 ff. — Richtig bemerkt Gény, daß diese

5. Eine sehr charakteristische und den geschilderten Formen des juristischen Denkens in vieler Hinsicht durchaus entgegengesetzte Denkweise hat sich im anglo-amerikanischen Recht entwickelt. Sie ist für denjenigen, der stets unter einem kontinentalen Rechtssystem gearbeitet hat, nicht leicht zu charakterisieren. Mit allem Vorbehalt sei das folgende gesagt.

Das englische Recht (Common Law) hat sich als Richterrecht entwickelt. Ähnlich wie in Rom betraf die Gesetzgebung eher Einzelpunkte; jedenfalls gilt dies für die Zeit vor der Mitte des vorigen Jahrhunderts. Ein wichtiger Bestandteil der Rechtsentwicklung waren daneben in der Hauptzeit der Entwicklung (vom 12. bis 15. Jahrhundert) die sogen. „writs". Ein „writ" (Breve) war ein „schriftlicher Befehl des Königs an den Sheriff (Vorsteher einer Grafschaft) oder einen anderen Gerichtsherrn zur Ergreifung bestimmter Maßnahmen"[27], z. B. der Ladung vor das Königsgericht. Einen solchen Writ mußte der Kläger bei der königlichen Kanzlei erwirken, um ein Verfahren bei den königlichen Gerichten einzuleiten. Es enthielt außer der Angabe der Parteien eine kurze Darstellung des Sachverhalts und der zu ergreifenden Maßnahmen. Für diese Writs entwickelte nun die Kanzlei *Formulare* für die verschiedenen Fallgruppen und schließlich ein Register solcher Formulare, welche im englischen Recht ähnliche Bedeutung erlangten wie die actiones und ihre formulae im römischen[28].

In diesem Rahmen wurde das englische Recht durch Gerichtsentscheidungen gestaltet[29]. Die Kenntnis von Entscheidungen spielte früh eine Rolle. Schon der englische Richter Bracton, dem wir eine berühmte Darstellung des englischen Rechts des 13. Jahrhunderts verdanken, den „Tractatus de legibus et consuetudinibus Angliae", hatte in seinem sogen. „Notebook" mehr als 2000 Entscheidungen der kö-

„objektive" Auslegungstheorie gerade die Gefahr höchst subjektiver Ausdeutung des Textes heraufbeschwört, aaO., I, S. 263. — Auch in Deutschland ist im 19. Jahrhundert die objektive Auslegungstheorie entwickelt worden, vgl. *Binding*, Handbuch des Strafrechts I (1885), S. 450 ff.; *Kohler*, Lehrbuch des Bürgerlichen Rechts I (1906), S. 122 ff., 130. Sie ist auch in Deutschland vorherrschend: vgl. *Larenz*, Methodenlehre der Rechtswissenschaft (1960), S. 31 ff., 237 ff.; *Esser*, Grundsatz und Norm in der richterlichen Fortbildung des Privatrechts (1956), S. 121 ff.; BGHSt 1, 76; BGHZ 23, 390.

[27] *Peter*, Actio und Writ (1957), S. 19.

[28] *Plucknett*, A Concise History of the Common Law (2. Aufl. 1936), S. 317 ff.; 323. Dazu *Peter*, Actio und Writ (1957), insbes. 3. Kapitel.

[29] Vorzügliche Darstellung der Gesamtentwicklung jetzt bei *Dawson*, The Oracles of Law (1968), S. 1—99.

niglichen Gerichte aufgezeichnet[30]. In den Verhandlungen vor den Gerichten, wie wir sie aus den sogen. „Yearbooks" seit dem 14. Jahrhundert kennenlernen, spielte das Anführen und die Erörterung von Vorentscheidungen eine nicht unerhebliche Rolle, allerdings nicht als bindende Vorentscheidung, sondern als Beweis für den Gerichtsgebrauch[31]. Das gleiche Bild bieten die seit dem 16. Jahrhundert vorhandenen Law Reports, welche Entscheidungen veröffentlichen[32].

Der große englische Jurist Coke (1552—1634) sagte: „Our book cases are the best proof what the law is; argumentum ab auctoritate est fortissimum in lege."[33] In den vorhandenen Gerichtsentscheidungen, in den Precedents, sah man das Recht niedergelegt, ohne daß freilich vor dem 18. Jahrhundert eine Bindung an sie eintrat. In diesem Sinne stellt Allen fest: „Precedent ist the evolutionary principle on which the Common Law has grown."[34]

Die Besonderheit des englischen Rechts liegt nun darin, daß es eine Theorie über Wesen und Anwendung von Vorentscheidungen (Precedents) und bestimmte Regeln über die Bindung des Richters an vorhandene Vorentscheidungen entwickelt hat. Die Bedeutung eines „Precedent" liegt nach der traditionellen Theorie zunächst darin, daß es beweist, daß eine bestimmte Rechtsregel existiert, nämlich diejenige, aufgrund deren der Fall entschieden worden ist[35]. Es hat Autorität, „because it is a correct statement of the law."[36] Denn auch das Common Law besteht aus Regeln; aber sie können nicht dem Gesetz entnommen, sondern müssen in Precedents gefunden werden. „Our Common Law system consists in the applying to new combinations of circumstances those rules of Law which we derive from principles and judicial precedents . . ."[37]

Wesentlich an einem Precedent ist daher nicht die konkrete Entscheidung, die ja nur den konkreten Fall betrifft, sondern die *Regel*, welche als juristisch entscheidender Gesichtspunkt die konkrete Entscheidung trägt und aus der diese abgeleitet ist: die sogen. „ratio decidendi" (im Gegensatz zum „obiter dictum", der beiläufigen Be-

[30] Zu dem Zweck dieser Sammlung *Plucknett,* aaO., S. 232, 305 ff.

[31] vgl. *Allen,* aaO., S. 182—191 mit eindrucksvollen Zitaten; *Plucknett,* aaO., S. 308.

[32] *Allen,* Law in the Making (5. Aufl. 1951), S. 196. — *Plucknett,* aaO., S. 311.

[33] Zitiert nach *Allen,* aaO., S. 199.

[34] aaO., S. 332.

[35] *Allen,* aaO., S. 210 ff.

[36] *Allen,* aaO., S. 273.

[37] *Parke, J.* in Mirehouse v. Rennell 1 Cl. and F. 527, 546; zitiert nach *Allen* aaO., S. 225.

merkung). Diese muß durch Interpretation des Urteils gefunden werden[38]. Die Anwendung dieser Regel auf einen neuen Fall setzt natürlich voraus, daß dieser dem des Precedents *analog* liegt; ist er in wesentlichen Punkten verschieden, so kommt er nicht in Betracht und muß unterschieden werden (to be distinguished).

Ist also das Precedent zunächst eine Rechtsquelle in dem Sinne, daß sie dem Richter hilft zu erkennen, was Recht ist, so ist es u. U. auch formelle Rechtsquelle in dem Sinne, daß der Richter an es gebunden ist und die in ihm enthaltene Regel auf neue gleichgelagerte Fälle anwenden muß (sogen. Regel des „*stare decisis*") [39]. Die englische Doktrin sieht hierin vor allem ein Mittel, Stabilität und Rechtssicherheit zu erreichen. Im englischen Recht ist diese Regel dann dahin ausgebildet worden, daß jedes Gericht durch die Entscheidungen höherer Gerichte und daß das House of Lords (das als höchstes Gericht fungiert) und der Court of Appeal an die eigenen Vorentscheidungen gebunden sind. Nicht erst eine ständige Rechtsprechung, das einzelne Precedent bindet in diesem Rahmen. 1966 hat freilich das House of Lords erklärt, es werde in Zukunft u. U. von eigenen Precedents abweichen. In Amerika gilt das Prinzip nicht in gleicher Strenge[40]; aber auch der amerikanische Richter mißt dem Precedent große Bedeutung zu und läßt sich im Zweifel von ihm leiten.

Es liegt nun auf der Hand, daß ein solches System eine besondere Denkweise hervorgerufen hat. Der anglo-amerikanische Jurist muß vom Fall ausgehen; er muß den Fall, den er entscheiden muß, genau analysieren und ihn mit ähnlich gelagerten Fällen vergleichen, die in früheren Entscheidungen, in Precedents, entschieden worden sind. Findet er dort die gleichen tatsächlichen Elemente, so wird er die ratio decidendi des Precedents suchen und danach den neuen Fall entscheiden. Der große amerikanische Richter Cardozo hat diese erste Phase der Tätigkeit eines Common Law-Richters folgendermaßen umschrieben:

„The first thing he does is to compare the case before him with the precedents, whether stored in his mind or hidden in the books. I do not mean that precedents are ultimate sources of the law,

[38] Über die Schwierigkeiten solcher Interpretation *Allen*, aaO., S. 270 ff.

[39] Die strenge Precedent-Theorie, wie sie am Ende des 19. Jahrhunderts entwickelt war, stellt *Salmond* in seinem Aufsatz „The Theory of Judicial Precedent" dar, Law Quarterly Review XVI (1900), S. 376—391.

[40] vgl. *Goodhart:* Case Law in England and America. Essays in Iurisprudence (1931), S. 50—74 mit interessanter Erörterung der Gründe.

supplying the sole equipment that is needed for the legal armory, the sole tools, to borrow Maitland's phrase, ‚in the legal smithy'. Back of precedents are the basic juridical conceptions which are the postulates of judicial reasoning, and farther back are the habits of life, the institutions of society, in which those conceptions had their origin, and which, by a process of interaction, they have modified in turn. None the less, in a system so highly developed as our own, precedents have so covered the ground that they fix the point of departure from which the labor of the judge begins. Almost invariably, his first step is to examine and compare them. If they are plain and to the point, there may be need of nothing more. Stare decisis is at least the everyday working rule of our law. I shall have something to say later about the propriety of relaxing the rule in exceptional conditions. But unless those conditions are present, the work of deciding cases in accordance with precedents that plainly fit them is a process similar in its nature to that of deciding cases in accordance with a statute."[41]

So entsteht ein Denkprozeß, den Edward Levi mit glücklicher Formel als „reasoning from case to case" beschrieben hat[42].

In den USA ist schon der juristische Unterricht auf diese Art der Analyse von Gerichtsentscheidungen, von „leading cases" abgestellt, sogen. „Case-method". Diese Methode wird gern als „induktiv" und „empirisch" beschrieben[43] und der systematisch-deduktiven des kontinentalen Juristen entgegengestellt. Empirisch ist sie gewiß insofern, als mit großer Sorgfalt die Fakten zusammengestellt und verglichen werden und die vorhandenen Regeln (aus Precedent oder anderen Quellen gewonnen) gewissermaßen an dem Fall getestet werden. Besser würde man sie aber vielleicht als „problematisches" Denken bezeichnen; denn der einzelne Fall wird hier als Problem gerechter Ordnung gesehen und auf der Grundlage genauer Fallanalysen nach einer Lösung gesucht, und zwar primär mit Hilfe vergleichbarer „precedents", also im Wege der Analogie zwischen Fällen.

Läßt sich aber kein geeignetes Precedent finden — liegt also im Sinne der kontinentalen Lehre eine Lücke vor — so urteilt der angloamerikanische Richter aufgrund einer Regel, die er selbst als gerecht und zweckmäßig aufstellt. Dabei ist er in der Auswahl der „autho-

[41] *Cardozo,* The Nature of Iudicial Process (zitiert nach den von M. Hall herausgegebenen „Selected Writings of Benjamin Nathan Cardozo", 1947), S. 112 ff.

[42] vgl. *Edward Levi,* An Introduction to Legal Reasoning (1949), S. 1.

[43] vgl. etwa *Allen,* aaO., S. 154/155.

rities", deren er sich bedient, verhältnismäßig frei. Allen zeigt in seiner Darstellung der englischen Rechtsfindung, wie englische Richter in solchen Fällen auf Regeln des römischen Rechts oder auf einen bedeutenden ausländischen Autor wie Pothier zurückgegriffen haben[44]. Amerikanische Entscheidungen haben gelegentlich biblische Regeln, wie „niemand kann zwei Herren dienen ...", zum Ausgangspunkt ihrer juristischen Argumentation gemacht. Es handelt sich nach der Rechtstheorie hier freilich nur um sogen. „persuasive sources". Aber die Freiheit, mit der sie herangezogen werden, ist bewundernswert. Entscheidend ist, daß nach dem Urteil des Richters eine gerechte und zweckmäßige, überzeugende Lösung gefunden werden kann. Diese Aufgabe des Richters hat Cardozo stark betont; nach den oben zitierten Sätzen fährt er fort[45]:

„It is a process of search, comparison, and little more. Some judges seldom get beyond that process in any case. Their notion of their duty is to match the colors of the case at hand against the colors of many sample cases spread out upon their desk. The sample nearest in shade supplies the applicable rule. But, of course, no system of living law can be evolved by such a process, and no judge of a high court, worthy of his office, views the function of his place so narrowly. If that were all there was to our calling, there would be little of intellectual interest about it. The man who had the best card index of the cases would also be the wisest judge. It is when the colors do not match, when the references in the index fail, when there is no decisive precedent, that the serious business of the judge begins. He must then fashion law for the litigants before him. In fashioning it for them, he will be fashioning it for others. The classic statement is Bacon's: ‚For many times, the things deduced to judgment may be meum and tuum, when the reason and consequence thereof may trench to point of estate.' The sentence of today will make the right and wrong of tomorrow. If the judge is to pronounce it wisely, some principles of selection there must be to guide him among all the potential judgments that compete for recognition."

Hier tritt nun ein anderes Element in Erscheinung, das dem kontinentalen Juristen am anglo-amerikanischen Rechtsdenken und an den Urteilen des Common Law-Richters auffällt: die ungezwungene, freie und persönliche Art, mit denen die praktischen, politischen und ethischen Gesichtspunkte diskutiert werden, welche bei der Fallentscheidung eine Rolle spielen[46].

[44] *Allen,* aaO., S. 254, 255 ff.

[45] *Cardozo,* aaO., S. 113.

[46] Gerade dies hat europäische Beobachter immer wieder beeindruckt, vgl. z. B. *Radbruch,* Der Geist des englischen Rechts (1946).

III.

Für ein System kodifizierten Rechts muß eine Theorie des juristischen Denkens entsprechend den Aufgaben des Juristen[1] drei Gegenstände umfassen: die Auslegung, die Anwendung und die Fortbildung der vorhandenen Rechtssätze.

1. Indem sie Gesetze auslegt, gehört die Rechtswissenschaft in den größeren Kreis der hermeneutischen Wissenschaften[2]. Die Hermeneutik ist die Lehre von der richtigen Interpretation von Texten, von sprachlich fixierten Geisteswerken[3].

Das Ziel jeder Interpretation ist das Verstehen des Textes, das Erfassen seiner geistigen Bedeutung, seines Sinnes. Die Hermeneutik hat hierfür bestimmte methodische Gesichtspunkte entwickelt. Im Anschluß an einen Sprachgebrauch von Schleiermacher nennt man sie die Canones der Auslegung[4].

Der erste Gesichtspunkt, der hier eine Rolle spielt, ist der der *Objektivität* oder — anders ausgedrückt — der Gesichtspunkt der *Autonomie* des zu interpretierenden Werkes. Der Satz will besagen, daß jede Interpretation mit dem Entschluß des Interpreten anfangen muß, sich ganz auf das Werk und seine Eigenart einzustellen. Zwar ist ein subjektives Interesse, ein subjektives Angerührtsein von einem bestimmten Text gewiß die Voraussetzung des Verständnisses. Aber es gibt kein Verständnis eines Textes ohne den Willen des Interpreten, dem Text objektiv und ohne Vorurteil gegenüberzutreten, nichts in den Text hineinzutragen, sondern das zu entwickeln, was im Text selbst enthalten ist. Man kann diesen Canon der Objektivität oder der autonomen Interpretation zusammenfassen mit dem alten Satz: „Sensus non est inferendus, sed efferendus."

Der zweite Canon ist der Gesichtspunkt der *Einheit*. Das Werk muß als Einheit verstanden werden, der einzelne Satz im Blick auf die Gesamtheit — die Gesamtheit aus der Interpretation der einzelnen Sätze begriffen werden. Der Literaturwissenschaftler Staiger hat das

[1] vgl. oben I.

[2] Natürlich ist auch die Analyse von Precedents *Auslegung;* aber sie bleibt hier außer Betracht.

[3] Es ist sicher richtig, daß ganz analoge Gesichtspunkte auch bei der Interpretation anderer Geisteswerke gelten müssen, etwa im Bereich der bildenden Kunst, aber ich möchte mich hier auf die Interpretation von Texten und die dafür entwickelten Regeln beschränken.

[4] Ich lehne mich hier an meine Ausführungen in meinem Vortrage „Die juristischen Auslegungsmethoden und die Lehren der allgemeinen Hermeneutik" (1959) an.

in seinem Werk „Kunst der Interpretation" dahin formuliert: „Längst hat die Hermeneutik gelehrt, daß wir das Ganze aus dem einzelnen, das einzelne aus dem Ganzen verstehen."[5]

Der dritte Canon ist der Gesichtspunkt der *genetischen Auslegung*, der Auslegung des Textes aus seinem Ursprung her. Dieser Gesichtspunkt ist von Schleiermacher in seiner Hermeneutik an Hand des Zusammenhanges, der zwischen der Sprache als objektiver Gegebenheit und dem individuellen Denken besteht, entwickelt worden. Jeder Satz, der sprachlich ausgedrückt wird, ist mit beiden verbunden. Er ist auf der einen Seite Ausdruck eines individuellen Denkens, eines individuellen Geistes, und er ist auf der anderen Seite formuliert in einer geschichtlich gewordenen, objektiv festliegenden Sprache. Das führt dazu, daß die genetische Interpretation, die Interpretation also, die vom Ursprung her ein Wortwerk interpretieren will, sich sofort auf zwei Wege gewiesen sieht: einerseits auf die Frage nach der Persönlichkeit des Autors — Schleiermacher hat von der „Lebenstotalität" des Autors gesprochen — und andererseits auf die nach den objektiven Gegebenheiten, die dieser Autor in der Sprache schon vorfand, in der er sich ausdrückt.

Beides führt in weite Zusammenhänge hinein. Die Interpretation vom Subjekt, von der Individualität des Autors, her führt zur Interpretation unter dem Gesichtspunkt der Biographie, der Lebensverhältnisse, der psychologischen Momente, der gesellschaftlichen Situation des Autors. Jene andere Richtung, die von dem objektiven Gehalt der Sprache ausgeht, in der der Autor sich ausdrücken muß, führt dagegen in eine Reihe von überindividuellen Zusammenhängen hinein. Da ist zunächst die Sprache selbst, die ja eine Gedankenentwicklung von Generationen, die uns vorangegangen sind, aufbewahrt. Kein Mensch denkt losgelöst von den Traditionen des Denkens, das sich in der Sprache niedergeschlagen hat. Über die Sprache führt dieser Gesichtspunkt dann zurück zur allgemeinen Geistesgeschichte: zu Stilentwicklung, Formenentwicklung, Ideenentwicklung, in die der Autor hineingestellt war und die ihm die Möglichkeit des Ausdruckes gegeben haben, wie sie auch vielleicht die Richtung seines Denkens schon bestimmt haben. So führt also der genetisch-historische Gesichtspunkt zu einer doppelten Interpretationsgrundlage: zu einer subjektiv-biographischen und zu einer objektiv-geistesgeschichtlichen.

Der vierte Canon der Auslegung ist die *Auslegung aus der Sachbedeutung*, das, was Schleiermacher in seiner Hermeneutik die technische Auslegung genannt hat. Dieser Auslegungscanon geht von der Einsicht aus, daß jedes sprachliche Werk auf einen jenseits des sprach-

[5] *Staiger*, Kunst der Interpretation (1955), S. 11.

lichen Ausdrucks stehenden inneren Sachzusammenhang hinweist; es sagt etwas aus.

Das ist am deutlichsten, wenn wir an einen wissenschaftlichen Satz denken: er soll eine bestimmte Erkenntnis ausdrücken, eine Erkenntnis über ein bestimmtes Sachgebiet. Aber dies gilt auch für die Dichtung: Die Tragödie will etwas über den Menschen und seine Stellung in der Welt aussagen. Damit ergibt sich die Möglichkeit und die Notwendigkeit, einen Satz auszulegen aus seiner Sachbedeutung, aus den sachlichen Zusammenhängen, auf die er hinweist.

Wir werden hier zu der wichtigen Tatsache geführt, daß die Geisteswissenschaften es zwar zunächst mit Texten, mit Geisteswerken zu tun haben, die historisch entstanden sind und individuelle Schöpfungen individueller Geister darstellen, daß diese Texte aber zugleich überhistorisch sind, indem sie auf einen bestimmten Sachzusammenhang verweisen wollen. Ein philosophisches Werk etwa will nicht nur die Gedanken eines philosophischen Autors ausdrücken; es will eine *Wahrheit* aussprechen. Der einzelne Satz kann infolgedessen sowohl aus dem inneren Formzusammenhang heraus wie aus seiner sachlichen Bedeutung heraus, aus dem, was er meint, interpretiert werden: die Tragödie z. B. als Kunstwerk bestimmter Struktur, aber auch als Aussage über den Menschen, der wissenschaftliche Satz als Teil eines individuellen Systems, aber auch als Erkenntnisaussage.

Es ist von vornherein deutlich, daß diese Interpretation auch dann möglich ist — ob ein solches Vorgehen sinnvoll ist, ist eine andere Frage —, wenn man von der Person des Autors ganz absieht, wenn man also die Frage der Genese, der historischen Entstehung dieses Satzes, ganz dahingestellt sein läßt. Die Möglichkeit dieser Auslegung aus dem Sachzusammenhang heraus zeigt uns jedenfalls, daß ein Geisteswerk, ein Satz, der einen Gedanken ausspricht, selbständig angeeignet werden kann, ohne daß man dabei auf die Person des Autors, die historischen Umstände, aus denen es erwachsen ist, zurückgreifen muß.

Die Möglichkeit dieser „technischen" Interpretation führt aber noch zu einer weiteren Einsicht. Es zeigt sich nämlich, daß ein Satz Bedeutungen entwickeln kann, die jenseits der Ziele und der Einsichten liegen, die der Autor des Satzes selber hatte. Man hat hier mit Recht von der *überschießenden Bedeutung eines Geisteswerkes* gesprochen, einer überschießenden Bedeutung insofern nämlich, als die in der Interpretation zu gewinnende Bedeutung über das hinausgeht, was der Autor sich damit gedacht hat[6].

[6] Die Rechtsgeschichte — in Parenthese bemerkt — bietet vielleicht das deutlichste Illustrationsmaterial zur Richtigkeit dieser Einsicht. Ich brauche

Ein fünfter Gesichtspunkt spielt in der Hermeneutik eine Rolle: es ist der Gesichtspunkt des *Vergleichs.* Überall bedient sich die Interpretation von Texten des Mittels der Vergleichung ähnlicher Werke. Ein solcher Vergleich, etwa mit den anderen Werken des gleichen Autors oder der gleichen Zeit oder der gleichen Gattung läßt auf der einen Seite die Besonderheit des Einzelwerkes hervortreten, ist aber auch, worauf Dilthey aufmerksam gemacht hat, der den Geisteswissenschaften eigentümliche Weg, zu allgemeinen Erkenntnissen zu kommen. Geisteswissenschaftliche Interpretation muß stets mit der Methode der Vergleichung arbeiten.

Es ist schon von Schleiermacher ausgesprochen und in der weiteren Entwicklung der Hermeneutik anerkannt worden, daß alle hermeneutischen Gesichtspunkte grundsätzlich gleichberechtigt sind, so daß die wissenschaftliche Interpretation jeden dieser Gesichtspunkte zur Geltung kommen lassen muß, will sie sich über den Sinn eines Satzes deutlich werden. Ihre Anwendung und Abwägung geschieht in einem topischen Verfahren.

2. Eine Analyse der Gesichtspunkte, welche in der juristischen Auslegung — und zwar sowohl bei Gesetzen wie bei Verträgen — eine Rolle spielen, zeigt nun, daß sie sich durchaus den allgemeinen hermeneutischen Regeln einordnen lassen.

Ziel der juristischen Auslegung ist, die gegebenen Rechtssätze in ihrer Bedeutung als Sätze der Rechtsordnung, also der gerechten und zweckmäßigen Ordnung menschlichen Zusammenlebens, zu verstehen. Das Ziel des Verstehens teilt die juristische Auslegung mit jeder anderen Form der Interpretation; die Besonderheit liegt darin, daß die gegebenen Sätze als *Ordnungssätze* verstanden werden sollen. Stendhal soll den Code civil als Gebilde vorbildlicher Sprachkunst gelesen haben; metrisch Interessierte haben das BGB daraufhin studiert, ob es Hexameter enthalte (und tatsächlich einen in § 923 gefunden);

nur an gewisse Sätze etwa der Magna Charta zu erinnern und an die sich wandelnde Bedeutung, die diese Sätze in der englischen Geschichte gewonnen haben. Man kann gewiß sagen, daß eine bestimmte Auslegung, die etwa diesen Sätzen in der Auseinandersetzung der Puritaner mit dem englischen Königtum zuteil geworden ist, nicht die ursprüngliche war, nicht diejenige, die den mittelalterlichen Autoren dieser Sätze vorgeschwebt hat, und trotzdem wird man nicht leugnen können, daß auch diese späteren, abweichenden Auslegungen immer einen gewissen Zusammenhang mit dem Sinn des Satzes bewahrt haben. Wir werden noch sehen, daß gerade dieser Gesichtspunkt der überschießenden Bedeutung für die Interpretation im Bereich der Rechtswissenschaft von sehr großer Bedeutung ist.

aber das ist dann eben *nicht* juristisches, sondern ästhetisches Verständnis des Gesetzes.

Voraussetzung der Interpretation ist auch bei der juristischen Auslegung die objektive Einstellung. Ja, man kann sagen, ihr kommt in der Jurisprudenz ein ganz besonderer Wert zu; ist doch die „Textverdrehung“, die Auslegung nach subjektiven Parteizwecken, geradezu als einer der schwerwiegendsten Verstöße gegen die Berufsethik des Juristen bekannt, als Verfahrensweise, die den kleinen, schlechten, ja käuflichen Juristen kennzeichnet.

Ebenso ist der Gesichtspunkt der Einheit eine der Grundregeln der juristischen Auslegung, sowohl bei Verträgen wie bei Gesetzen. „Incivile est nisi tota perspecta lege una aliqua eius proposita iudicare“ hat schon der römische Jurist Celsus (2. Jahrhundert n. Chr.) gesagt[7]. Und der Code civil ordnet in Art. 1161 an: „Toutes les clauses des conventions s'interprètent les unes par les autres, en donnant à chacune le sens qui résulte de l'acte entier“.

Dem Gesichtspunkt der Einheit kommt bei der Gesetzesauslegung sogar eine spezifische Bedeutung zu: denn im Gegensatz zu einem ästhetischen Kunstwerk soll ein juristischer Text, ein Gesetz, *widerspruchsfrei* sein, damit es gleichmäßig und ohne Willkür angewendet werden kann. Eine widerspruchsvolle Rechtsordnung verletzt das Postulat der Gerechtigkeit nach Anwendung eines *einheitlichen* Maßstabes auf alle[8]. Die Rechtswissenschaft hat daher stets versucht, die Harmonie aller geltenden Texte herzustellen und Widersprüche zu beseitigen. Diesem Ziel dient die richtige Eingrenzung des Geltungsbereiches von Prinzipien, die Distinktion von Begriffen oder von Precedents; diesem Ziel soll vor allem, soweit vorhanden, das juristische *System* dienen, das jedem Einzelinstitut oder Einzelsatz seine Stellung zuweist.

Im übrigen spielen in der juristischen Auslegung, wie sie sich geschichtlich entwickelt hat, vor allem bestimmte Gesichtspunkte der sogen. *genetischen* und *„technischen“* Auslegung eine Rolle.

Wie jede Auslegung geht auch die juristische zunächst von dem Wortsinn des Textes aus. Er wird mit Hilfe des allgemeinen Sprachgebrauches und der technischen Juristensprache, wie sie z. Z. der Entstehung des Gesetzes gegeben waren, ermittelt. Diese Auslegung, die dazu tendiert, mit Wortbedeutungen als festen Größen zu operieren,

[7] D 1. 3. 24.

[8] Zu diesem Erfordernis vgl. vor allem *Perelmann*, Über die Gerechtigkeit (1967), S. 53 ff.

ist die älteste Methode der Jurisprudenz. Wenn irgendwo, gilt in ihr der Satz: Am Anfang war das Wort. Der Formalismus, der in der Rechtsentwicklung eine so große Rolle gespielt hat, wirkt darin lange nach; aber das genaue Wägen des Wortes ist auch für die entwickelte Jurisprudenz charakteristisch geblieben. Das Festhalten am Wort und an seiner allgemein üblichen Bedeutung ist im Rechtsverkehr unter dem Gesichtspunkt des Vertrauensschutzes gerechtfertigt; auch in der Gesetzesauslegung spielt dieser Gesichtspunkt neben anderen Erwägungen, wie der oft bestehenden Schwierigkeit, den „inneren" Willen des Gesetzgebers zu ermitteln, eine wichtige Rolle.

Den deutlichsten Ausdruck findet diese Hochschätzung des Wortes bei der juristischen Auslegung in der Regel, welche weitere Auslegung verbietet, wenn der Wortlaut eindeutig ist. „Cum in verbis nulla ambiguitas est, non debet admitti voluntatis quaestio"[9] (auch „Sens clair"-Regel genannt). Vernünftigerweise wird man diese Regel freilich darauf einschränken, daß der klare, normale Wortsinn nur der Ausgangspunkt der Auslegung ist und daß, wer dem Text einen anderen Sinn beilegen will, dafür die Beweislast trägt[10].

Schon früh hat sich mit diesem Ernstnehmen des Wortes in seinem allgemein gültigen Sinn die Verwendung grammatischer und logischer Regeln verbunden[11]. Damit waren die Elemente der grammatisch-logischen Auslegung gegeben, die wohl in allen entwickelten Systemen der Ausgangspunkt jeder Auslegung ist. Nach den Kategorien der allgemeinen Hermeneutik gehört sie zur genetischen Auslegung, insofern sie auf die verwendete Sprache als Gegebenheit rekurriert.

Zur Kategorie der genetischen Auslegung gehört ferner die *historische* Auslegung des Gesetzes. Unter diesen Begriff lassen sich verschiedene Gesichtspunkte zusammenfassen, die in der geschichtlichen Entwicklung unseres juristischen Denkens zu verschiedenen Zeiten hervorgetreten sind. Historische Auslegung ist darauf gerichtet, festzustellen, was der Gesetzgeber mit der Aufstellung des auszulegenden Rechtssatzes gewollt hat. Sie will den Gedanken des historischen Gesetzgebers nachvollziehen[12]. Der Auslegende soll sich in dessen

[9] vgl. D. 32, 25, 1. Die deutsche Rechtsprechung hat daran festgehalten, vgl. RGZ 158, 124. Über ihre Bedeutung im Völkerrecht: *Lauterpacht*, De l'interprétation des traités, Annuaire de l'Institut du Droit International, Session de Bath (1950), S. 366 ff., insbes. S. 377.

[10] So auch z. B. *Meier-Hayoz*, Der Richter als Gesetzgeber (1951), S. 42 für die Schweiz, und *Lauterpacht* aaO., S. 387 für das Völkerrecht.

[11] vgl. die Bemerkungen zur römischen Jurisprudenz oben Abschn. II. 1.

[12] vgl. *Savigny*, System des heutigen Römischen Rechts I (1840), S. 213.

Lage versetzen. Als Hilfsmittel dazu empfiehlt eine ältere Theorie u. a. die Untersuchung der Situation, in der der Rechtssatz aufgestellt worden ist, insbes. der Rechtslage, die das Gesetz etwa ändern wollte[13]. Im Vertragsrecht entspricht der Suche nach dem Willen des Gesetzgebers die Ermittlung des Parteiwillens.

Genauer fordert die Interessenjurisprudenz, der Auslegende müsse den gesellschaftlichen Interessenkonflikt rekonstruieren, den der Gesetzgeber vor Augen gehabt hat, und die gesellschaftliche Interessen- und Machtlage, die ihn bestimmt hat, einem Interesse den Vorzug zu geben bzw. einen bestimmten Interessenausgleich anzustreben[14]. Auch diese Interessenanalyse ist historische Interpretation; aber diese geht damit in die *soziologische* über.

Die Auslegung aus den Auffassungen und Absichten des historischen Gesetzgebers entspricht offensichtlich derjenigen aus der Persönlichkeit des Autors. Aber gerade wenn man sie damit vergleicht, tritt eine eigentümliche Schwierigkeit hervor, die dieser Methode im juristischen Bereich anhaftet. Der Autor eines literarischen Werkes ist eine bestimmte Person. Aber wer ist diese Person beim Gesetzgeber? Der Herrscher oder das Parlament, welche das Gesetz beschließen oder sanktionieren, erlassen es kraft ihrer politischen Autorität; aber sie sind selten ihre Verfasser, ihre „Urheber" im Sinne des literarischen Urheberrechts[15]. Das sind vielmehr Beamte, Angehörige vorbereitender Kommissionen, Mitglieder von Parlamentsausschüssen usw.; diesen aber fehlt die Autorität, die von ihnen entworfenen Sätze zu Gesetzen zu erheben. Diese Schwierigkeit hat manche Autoren, ja ganze Rechtssysteme dazu geführt, den Rückgriff auf die Ansichten der Gesetzesverfasser, die Verwertung der sogen. „Gesetzesmaterialien" für unzulässig zu erklären. — So ist z. B. im englischen Recht nach der durchaus herrschenden Meinung die Berücksichtigung der sogen. „parliamentary history" eines Statutes ausgeschlossen[16]. Indessen ist es vernünftig, anzunehmen, daß die politische Instanz, welche einen Satz als Rechtsnorm erläßt, diesen Satz so aufgefaßt haben will,

[13] Diesen Gedanken betont z. B. *Savigny* in „Juristische Methodenlehre", nach der Ausarbeitung des Jakob Grimm herausgegeben von Wesenberg, 1951, S. 27; er spielt heute noch in der englischen Auslegungstheorie für Statutes eine Rolle, vgl. etwa *Maxwell,* On the Interpretation of Statutes (11. Aufl. 1962), S. 20—22.

[14] vgl. etwa *Heck,* Gesetzesauslegung und Interessenjurisprudenz, AcP 112 (1914), S. 95 f.

[15] vgl. dazu *Forsthoff,* Recht und Sprache (1940), S. 46.

[16] vgl. *Maxwell,* aaO., S. 26.

wie ihn seine Verfasser verstanden haben; die Verwertung ihrer Auffassungen ist daher sicher unbedenklich. Ob sie bindend sind, ist eine andere Frage[17].

In einem weiteren Sinn hat die historische Rechtsschule die historische Auslegung verstanden; sie fragte zwar auch nach dem Willen des Gesetzgebers: aber darüber hinaus nach der geschichtlichen Entwicklung der Rechtsinstitute, die der Gesetzgeber aufgenommen hat, und damit nach der Entfaltung der Rechtsideen in der Geschichte. Der Auslegende sollte sich deren Verlauf und den Punkt, den sie im Moment der Gesetzgebung erreicht hatte, vor Augen stellen. Geschichtliche Auslegung war ihr also vor allem Auslegung aus der juristischen Ideengeschichte.

Moderne historische Auslegung wird alle diese Faktoren berücksichtigen. Sie wird zu erkennen suchen, welches das *Problem* war, das der Gesetzgeber lösen wollte; sie wird den Rechtssatz als seine Antwort auf dieses Problem und damit als Ordnungssatz verstehen. Dazu wird sie alle Elemente in Betracht ziehen, die geeignet sind, auf diese Frage Licht zu werfen: die gegebenen tatsächlichen und rechtlichen Umstände, die vom Gesetzgeber gesehenen und gewürdigten Interessen, die Kategorien, die ihm zur Erkenntnis der Situation zur Verfügung standen, die ethischen und sozialpolitischen Ideen, die ihn etwa bestimmten; die juristischen Begriffe, in denen er sich ausdrückte. Die historische Auslegung umfaßt damit die soziologische und die axiologische Interpretation: aber sie untersucht beide Aspekte im Hinblick auf die Lage bei der Gesetzesentstehung. Die historische Auslegung greift damit weit über die technische Gesetzgebungsgeschichte, die Erforschung der sogen. Materialien, hinaus; sie muß die gesamte politische Geschichte ebenso einbeziehen wie die Sozial- und Ideengeschichte. Historische Auslegung heißt Auslegung mit Hilfe der Gesamtheit der geschichtlichen Elemente, die die Entstehung des Gesetzes bestimmt haben.

Neben die genetische tritt auch in der Jurisprudenz die „technische" Auslegung: das Verstehen eines Satzes aus seiner Sachbedeutung.

Diese Sachbedeutung ist bei einer juristischen Regel ihr Sinn als gerechte, zweckmäßige Ordnung eines Problems des menschlichen Zusammenlebens. Diesen Sinn muß die Auslegung zu erfassen suchen und entfalten. Dazu ist sie aber nur in der Lage, wenn sie selbst ebenso von der Gerechtigkeit wie von den zu ordnenden Sachproblemen etwas weiß; hier zeigt sich, daß das Wissen um die Aspekte der Gerechtigkeit, wenn man will, um das Naturrecht, eine notwen-

[17] Dazu unten S. 48 ff.

dige Grundlage juristischer Auslegung ist; die Auslegung steht ebenso in ihrem Dienst wie das Gesetz selbst[18], und die Grundsätze der Gerechtigkeit erscheinen in der Auslegung des positiven Rechts.

In der traditionellen Auslegung erscheint dieser Gedanke unter dem Begriff der „Ratio legis". Sie ist der objektive Zweck, der hinter einer Norm steht und sie zu einer sinnvollen d. h. aber eben gerechten und zweckmäßigen Regelung macht. In der Ratio legis erscheinen also sowohl die pragmatischen wie die ethischen Grundlagen des Gesetzes[19]. Sie kann aufgrund der historischen Erforschung des Willens des Gesetzgebers, aber ebenso aus dem systematischen und sachlichen Zusammenhang, also mit der Methode der objektiven Auslegung ermittelt werden[20]. Im Rahmen der soziologischen Jurisprudenz tritt diese Art der Auslegung auf, wenn eine Norm aus sozialen Grundgegebenheiten, z. B. der Machtlage, erläutert wird, wie dies im Rahmen der deutschen Jurisprudenz vor allem Müller-Erzbach getan hat. Die technische Auslegung reflektiert also direkt auf den möglichen soziologischen und axiologischen Sinn der Norm, ohne sich notwendig auf den historischen Gesetzgeber zu beziehen.

Im Zusammenhang mit diesem Gedanken steht die — vor allem bei der Vertragsauslegung wichtige — Regel, daß ein juristischer Text nach Möglichkeit so auszulegen sei, daß er in Wirksamkeit treten könne (sogen. Regel des „Effet utile", auch dahin formuliert „ut res magis valeat quam pereat"). Ihr liegt der Gedanke zugrunde, daß hinter einem solchen Text eine echte „Ratio" stehen müsse, d. h. eben, daß er eine sinnvolle, zweckmäßige Regelung enthalten müsse. Daher sei die Auslegung gehalten, den Weg zu einem derartigen Verständnis des Textes zu finden[21]. Ebenso steht der Gesichtspunkt der Auslegung nach „Treu und Glauben", der wiederum vor allem im Vertragsrecht besondere Bedeutung besitzt und auf dem alle ergänzende Auslegung beruht, mit dem Grundgedanken, daß eine recht-

[18] vgl. dazu *Kriele*, Theorie der Rechtsgewinnung (1967), S. 172; auch meine Bemerkungen in „Die juristischen Auslegungsmethoden und die Lehren der allgemeinen Hermeneutik" (1959), S. 22 ff. und vor allem *W. Burckhardt*, Methode und System des Rechts (1936), S. 15, 19.

[19] vgl. dazu die Ausführungen von *Du Pasquier*, Les lacunes de la loi et la Jurisprudence Suisse sur l'Article 1er CCS (1951), S. 73.

[20] Über die große Rolle, die gerade diesem Gesichtspunkt in der Schweizer Rechtsprechung zukommt, vgl. *Du Pasquier*, aaO., S. 73; *Meier-Hayoz*, aaO., S. 44 f., 136.

[21] Zu dieser Regel im Völkerrecht vgl. *Lauterpacht*, De l'interprétation des traités aaO., S. 412 ff.

liche Regelung in gerechter Ordnung ihren Sinn hat, in unmittelbarem Zusammenhang.

Die Auslegung nach der Ratio legis ist die eigentliche Grundlage der sogen. objektiven Theorie der Auslegung. Sie hält den Rückgriff auf die Gesetzesmaterialien für unrichtig; sie fragt daher nicht nach dem Willen des historischen Gesetzgebers, sondern nach dem „des Gesetzes selbst". Daß hier im Grunde genommen die Sachbedeutung des Gesetzes als maßgeblicher Auslegungsgesichtspunkt gemeint ist, wird sofort deutlich, wenn man sich die Äußerungen der Autoren näher ansieht, die die Theorie vom „Willen des Gesetzes" entwickelt haben. Ich zitiere aus der deutschen Literatur nur zwei, nämlich eine Äußerung von Binding und eine Äußerung von Kohler.

Binding sagt:

„So ist es besser, statt den Willen des Gesetzgebers den Rechtswillen, der in einem Rechtssatz als einem Gliede des ganzen Rechtssystems seinen Ausdruck gefunden hat, nach Inhalt, Autorität und beabsichtigter Wirkung als Ziel der Auslegung dieses Satzes zu bezeichnen."[22]

Und er erläutert das damit, daß er sagt:

„Das Gesetz denkt und will, was der vernünftig auslegende Volksgeist aus ihm entnimmt."

Der vernünftig auslegende Volksgeist! Das heißt also: Die objektive Auslegung greift zurück auf die Vernunft des Gesetzes, also auf den inneren Sachzusammenhang, das innere, sachliche Ziel des Gesetzes.

Kohler[23] entwickelte die objektive Theorie der Gesetzesauslegung folgendermaßen:

„Es ist ein häufiger Irrtum zu meinen, daß der Gedanke der vollständige Sklave unseres Willens sei, und nur das hervorbringe, was wir wollen, während doch der Gedanke dem Willen gegenüber seine volle Selbständigkeit hat und vielfach über die Tragweite des Willens hinausgeht. Daß der Gedanke einen so weiten Hintergrund hat, beruht wiederum darauf, daß unser Denken nicht bloß ein individuelles, sondern ein soziologisches ist. Was wir denken, ist nicht nur unsere Arbeit; es ist etwas Unendliches, es ist das Erzeugnis der Gedankenarbeit von Jahrhunderten und Jahrtausenden. Es hat unendlich viele Zusammenhänge, es zeigt in den Begriffen einen Ideeninhalt, den der subjektiv Denkende nicht ahnt."

[22] Handbuch des Strafrechts I (1885), S. 456.

[23] Lehrbuch des Bürgerlichen Rechts I (1906), S. 123.

Diese Sätze Kohlers wirken in mancher Hinsicht wie eine Illustration zu Schleiermachers Gesichtspunkt, daß die Sprache objektive Erkenntnisse früherer Generationen aufbewahrt, zeigt aber auch deutlich, was der Gesichtspunkt der überschießenden Bedeutung im Rahmen der Hermeneutik meint: daß in einem ausgesprochenen Gedanken mehr liegen kann als der Autor geglaubt oder erkannt hat.

Schließlich hat auch in der juristischen Methode das vergleichende Verfahren seinen Platz. Am deutlichsten tritt es vielleicht bei kasuistischem Rechtsdenken in Erscheinung: der anglo-amerikanische Jurist, der Fälle und Precedent vergleicht, übt es in hervorragendem Maße. Aber auch für das Gesetzesrecht des Kontinents hat die Rechtsvergleichung seit dem 19. Jahrhundert steigende Bedeutung gewonnen. Indem sie, von bestimmten Ordnungsproblemen — etwa der Produzentenhaftung, um ein modernes Beispiel zu wählen — ausgeht und die Lösungen zusammenstellt, welche verschiedene Rechtsordnungen dafür gefunden haben, sowie deren Bewährung in der Praxis analysiert, macht sie nicht nur die Eigenart des eigenen Gesetzes deutlich, sondern erlaubt auch, zu einem Urteil über seinen inneren Wert als zweckmäßige oder unzweckmäßige Problemlösung zu kommen, also seinen sachlichen Gehalt deutlicher zu erfassen.

In welchem Verhältnis stehen nun die verschiedenen hier erörterten Gesichtspunkte? Die allgemeine Hermeneutik ist, wie dargelegt, zu dem Ergebnis gekommen, daß kein Gesichtspunkt vernachlässigt werden darf; sie betrachtet vielmehr ein Interpretationsergebnis als umso sicherer, je mehr die verschiedenen Verfahren konvergieren, also zur gleichen Lösung führen. Gilt das Gleiche auch für die Jurisprudenz? Es hat nicht an Versuchen gefehlt, den einen oder den anderen Auslegungsgesichtspunkt auszuschalten. Die objektive Theorie erklärte den Rückgriff auf die Motive des historischen Gesetzgebers für überflüssig, wenn nicht gar unzulässig. Die deutsche Theorie des 19. Jahrhunderts hielt den Rückgriff auf die Ratio legis z. T. nur für erlaubt, wenn der Gesetzgeber diese ausdrücklich festgestellt hatte; sie wollte den Ausleger auf die grammatisch-logische Auslegung beschränken[24]. Aber die Erfahrung zeigt, daß die Praxis immer wieder über solche hemmenden Regeln hinweggeht und gegebenenfalls jeden Auslegungsgesichtspunkt benutzt, der ihr zur Verfügung steht, um einem gegebenen Gesetzestext einen Sinn abzugewinnen, dies selbst dann, wenn es Entscheidungen gibt, die sich für

[24] *Savigny*, System des heutigen Römischen Rechts I (1840), S. 214—218; *Windscheid*, Lehrbuch des Pandektenrechts (6. Aufl. 1887), S. 60.

eine bestimmte Auslegungsmethode aussprechen[25]. Es zeigt sich also, daß in der Jurisprudenz die gleiche Regel gilt, wie für die Hermeneutik im allgemeinen: grundsätzlich kann und soll der Interpret alle Auslegungscanones beachten. Es wird nicht immer möglich sein, sie durchzuführen; wenn z. B. die Materialien bei einer bestimmten Regel keinen ausreichenden Anhalt für die Absichten des Gesetzgebers bieten, wird man auf diesen Teil der historischen Auslegung verzichten müssen. Wenn die gewählten Formulierungen mehrdeutig sind, wird die Beachtung des allgemeinen Sprachgebrauchs oder der grammatischen Regeln nicht zum Ziele führen. Aber keine Methode sollte von vornherein ausgeschaltet werden. Dieser Grundsatz entspricht auch dem Umstand, daß die Gesichtspunkte untereinander in Beziehung stehen — etwa die axiologische und die historische Auslegung — und sich gegenseitig stützen.

Insbesondere besteht kein Anlaß, bei der Gesetzesauslegung die historische Methode auszuschalten, die sich bemüht, die Auffassungen der Gesetzesverfasser zu ermitteln. Gewiß kann man die Gesetzesanwendung nicht für alle Zeiten an diese Auffassungen binden; das würde den Erfordernissen der steten Anpassung der Rechtsordnung und damit der Gerechtigkeit widersprechen. Aber die historische Auslegung gibt uns, wo sie möglich ist, doch zunächst einmal einen festen Ausgangspunkt; sie zeigt uns, welche Fallgestaltung der Gesetzgeber (oder der Richter beim Präjudiz) vor Augen hatte und von welchen Wertgesichtspunkten er ausging; sie gibt damit auch eine klare Grundlage dafür ab, ob wir einem Sachverhalt noch mit der Auslegung des Gesetzes gerecht werden können oder zur Fortbildung des Gesetzes fortschreiten müssen.

Einen gewissen Vorrang wird man nur dem Erfordernis einräumen dürfen, einen gesetzlichen Text als sinnvollen Satz einer sozialen *Ordnung* und als Lösung für ein Ordnungsproblem zu begreifen. Diese Fragestellung muß auch die logisch-grammatische und die historische Auslegung beherrschen; die letzte muß darauf gerichtet sein, die Ordnungsvorstellungen des historischen Gesetzgebers, seine Anschauungen über eine gerechte und zweckmäßige Interessenordnung zu verstehen. Die englische Auslegung spricht von einer „presumption", die dafür spricht, daß der Gesetzgeber etwas Vernünftiges gewollt habe. Insofern kann man vielleicht sagen, daß der Auslegung nach der Sachbedeutung (Schleiermachers *technischer* Auslegung) ein ge-

[25] vgl. hinsichtlich der Rechtsprechung des deutschen BGH die Feststellungen von *Larenz*, Methodenlehre der Rechtswissenschaft (1960), S. 237 f. Für den internationalen Gerichtshof *Lauterpacht* aaO., S. 371.

wisser Vorrang zukommt. Denn die juristische Auslegung dient dazu, dem Richter zu helfen, das Gesetz anzuwenden: sie soll ihm die Entscheidungssätze verdeutlichen, welche das Gesetz enthält. Diese Aufgabe bestimmt die gesamte Auslegung.

Der Vorgang bei der Auslegung eines juristischen Textes unterscheidet sich im übrigen nicht von demjenigen, der bei jeder Interpretation stattfindet[26]. Der Auslegende bildet zunächst verschiedene Hypothesen über den möglichen Sinn der zweifelhaften Textstelle[27]; er untersucht dann den Text nach den verschiedenen Gesichtspunkten, welche hier im Überblick dargestellt worden sind, und wägt danach ab, welche Hypothese sich als am besten gestützt erweist. Das Verfahren ist also, allgemein gesprochen, durchaus topischer Natur[28]. Dabei ist hervorzuheben, daß die verschiedenen Canones der juristischen Auslegung Erfahrungssätze sind, die sich im Umgang mit der Sache ergeben haben: „axiomes fondés sur l'expérience".[29] Das Auslegungsverfahren bedeutet also Anwendung bewährter Standardgesichtspunkte.

IV.

1. Die Auslegung des Gesetzes dient seiner Anwendung. Wir haben gesehen, daß dieser Gesichtspunkt schon den Gang der juristischen Interpretation bestimmt; wenn ihr Ziel im Gegensatz zu anderen Arten des Textverständnisses ist, die Sätze des Gesetzes als Ordnung sozialer Probleme, insbes. sozialer Konflikte zu verstehen, so kommt darin zum Ausdruck, daß sie die Anwendung des Gesetzes vorbereiten soll. Die wissenschaftliche Arbeit am Recht — so hat es ein bedeutender deutscher Gelehrter formuliert — hat die Aufgabe, Entscheidungsnormen für den Richter bereitzustellen[1].

Im einzelnen bedeutet dies im Idealfalle, daß die juristische Auslegung zu den einzelnen Rechtssätzen feststellt, auf welche Fallgruppen des wirklichen Lebens der Satz anwendbar ist und auf welche nicht. Dieses Ziel wird nun vollständig nie erreichbar sein. Die Auslegung muß dann aber dreierlei zu erreichen versuchen. Sie muß die

[26] vgl. Coing, Grundzüge der Rechtsphilosophie, S. 94 ff.

[27] *Kriele*, Theorie der Rechtsgewinnung (1967), S. 163 ff. spricht von der „Normhypothese".

[28] So richtig *Viehweg*, Topik und Jurisprudenz (3. Aufl. 1965), S. 59.

[29] So *Herbert Kraus* in seiner Stellungnahme zu Lauterpacht, De l'interprétation des traités, Annuaire de l'Institut du Droit International, Session de Bath (1950), S. 445.

[1] *Heck*, Begriffsbildung und Interessenjurisprudenz (1932), S. 4 ff., 125 ff.

typischen Fallgruppen angeben, für die der Satz sicher gemeint ist; sie muß zu den „Grenzfällen" Stellung nehmen, d. h. zu den Fallgruppen, bei denen man zweifeln kann, ob sie noch unter den Rechtssatz zu ziehen sind oder nicht, und sie muß mit Hilfe der geschilderten Auslegungsgesichtspunkte den Sinn des Rechtssatzes und, seiner einzelnen Elemente so deutlich machen, daß sie den Richter in die Lage setzt, bei Fällen, die nicht expressis verbis behandelt sind, zu beurteilen, ob die betreffende Regel anwendbar ist. Dies ergibt sich daraus, daß die meisten Rechtssätze für bestimmte Fallgruppen entwickelt worden sind, auf diese sozusagen gemünzt sind, aber zugleich auf weitere Fallgruppen möglicherweise anwendbar sind. Llewellyn hat plastisch vom „Kern" und vom „Grenzsaum" des Rechtssatzes gesprochen[2]. Literarisch entfaltet sich solche Auslegung vor allem im Kommentar, während die systematische, insbes. lehrbuchartige Darstellung sich eher auf die erste und dritte der Aufgaben beschränkt.

2. Was aber ein Gesetz anwenden heißt, darüber sind im Laufe der Geschichte sehr verschiedene Ansichten vertreten worden. Es ist leicht einzusehen, daß sie von den jeweils vorherrschenden philosophischen Theorien über das Recht beeinflußt waren.

Die Auffassungen, die gegenwärtig in Deutschland — und wenn nicht alles täuscht, in vielen anderen Ländern des Kontinents — vorherrschen, haben sich in Auseinandersetzung mit einer Anschauung entwickelt, die in der Aufklärungszeit entstanden und im Verfassungsstaat des 19. Jahrhunderts zur Herrschaft gebracht worden ist. Rechtsanwendung besteht danach in einer logischen Operation: der Richter subsumiert den Lebenssachverhalt unter den abstrakten Tatbestand des Gesetzes und wendet dann die für diesen angeordnete Rechtsfolge auf den konkreten Sachverhalt an. Rechtsanwendung vollzieht sich in Form eines logischen Schlusses[3]. Wie die Auslegung des Rechts sich nach dieser Ansicht auf die grammatisch-logische Methode beschränkt, so ist auch die Anwendung des Gesetzes nur ein logischer Schluß. Wenn diese Auffassung richtig ist, so hat in der Justiz die Herrschaft des Gesetzes vollkommen die Gewalt von Personen über Menschen verdrängt: und der Wunsch, diesen Zustand zu erreichen, hat auch hinter dieser Theorie gestanden. Wir haben ein Beispiel dieser Anschauung in der Beschreibung der fran-

[2] vgl. das Zitat aus *Llewellyns* „Präjudizienrecht und Rechtsprechung in Amerika" (1933) bei *Radbruch*, Klassenbegriffe und Ordnungsbegriffe, Revue internationale de la théorie du droit XII (1938), S. 52, 53.

[3] Für die logische Gestalt dieses Schlusses vgl. etwa *Larenz*, Methodenlehre der Rechtswissenschaft (1960), S. 195 ff.

zösischen Ecole de l'exégèse kennengelernt[4]; ich füge hinzu, daß die Begriffsjurisprudenz zu ähnlichen Ergebnissen kam — nur daß hier das „Begriffssystem“ anstelle des Gesetzes herrscht.

3. Die Kritik an dieser Ansicht hat an verschiedenen Punkten eingesetzt. Zunächst haben genauere Analysen der Elemente, aus denen sich gesetzliche Tatbestände aufbauen, gezeigt, daß es sich hier um Begriffe verschiedener Art handelt, unter die sich keineswegs immer in gleicher Weise „subsumieren“ läßt[5]. Freilich, an einem Begriff wie Volljährigkeit (§ 2 BGB) ist nicht zu deuteln: entweder jemand hat das 21. Lebensjahr vollendet oder er hat es nicht. Verwendet das Gesetz aber etwa Worte der Umgangssprache, die auf Allgemeinvorstellungen wie Baum, Dunkelheit, Nacht etc. gehen, so zeigt sich bei seiner Anwendung, daß derartige Allgemeinvorstellungen nicht präzise definiert sind und u. U. erhebliche Unschärfen aufweisen. Ob sie in Grenzfällen zutreffen, muß aus anderen, teleologischen Erwägungen ermittelt werden. Wieder anders liegen die Dinge, wenn das Gesetz auf Wertbegriffe wie Treu und Glauben, niedriger Beweggrund u. ä. abstellt. Hier vollzieht sich die „Subsumtion“ schon deshalb in anderer Weise, weil das, was den Anforderungen von Treu und Glauben genügt, nur an einem Verhalten in bestimmten Situationen gezeigt werden kann — und auch da nicht abschließend[6]. Ohne Rekurs auf das eigene Wertgefühl wird hier die „Subsumtion“ sich gar nicht vollziehen lassen. So zeigt schon die nähere Analyse der vom Gesetz verwendeten Begriffe, daß die sogen. juristische Subsumtion, die Anwendung des gesetzlichen Tatbestandes auf den Lebenssachverhalt, sich anders vollzieht, als etwa die Einordnung einer individuellen Pflanze in die Kategorien des Linnéschen Systems. Sie ist keine Operation der reinen Logik. Zweckmäßigkeits- und Werterwägungen können schon von den Begriffen her, die das Gesetz selbst in Bezug nimmt, nicht ausgeschaltet werden[7].

Ferner macht sich der Einfluß der veränderten Anschauungen über das Recht selbst auf die Theorie der Rechtsanwendung bemerkbar. Ihering hatte, als er sich von der Begriffsjurisprudenz abwandte, geschrieben: „Jener ganze Kultus des Logischen, der die Jurisprudenz zu einer Mathematik des Rechts hinaufzuschrauben gedenkt, ist eine Verirrung und beruht auf einer Verkennung des Wesens des Rechts.

[4] vgl. oben unter II. 4.

[5] vgl. Coing, Grundzüge der Rechtsphilosophie, S. 271 ff.

[6] vgl. Coing aaO., S. 99 ff.

[7] vgl. zu diesem Problem die vorzügliche Darstellung bei *Larenz*, Methodenlehre der Rechtswissenschaft (1960), S. 176 ff.; *Engisch*, Einführung in das juristische Denken (3. Aufl. 1964), S. 54 ff.

Das Leben ist nicht der Begriffe, sondern die Begriffe des Lebens wegen da."[8]

An die Stelle der Logik hatte er nun den *Zweck* gesetzt. Das mußte auch zu einer veränderten Auffassung von der Rechtsanwendung führen. Wenn teleologische Erwägungen das Gesetz bestimmen, so müssen sie offenbar auch bei seiner Anwendung maßgebend sein. Es war daher nur konsequent, wenn Heck, der eigentliche Begründer der Interessenjurisprudenz, vom Richter als „Gehilfen des Gesetzgebers" gegenüber dem Gesetz einen „denkenden Gehorsam" forderte.

Hiernach ist der Richter genau so wenig auf eine logische Schlußoperation beschränkt wie der Offizier, der einen Befehl ausführen soll; er muß vielmehr in der konkreten Situation die Interessenentscheidung des Gesetzgebers zur Geltung bringen, darf also nicht einfach „subsumieren", sondern muß den Fall auf die in ihm konfrontierten Interessen analysieren und dann die festgestellten Interessen entsprechend den Interessenbewertungen seiner Zeit, die der Gesetzgeber vorgenommen hat, bewerten.

In der gleichen Richtung wirkte die Kritik an dem Dogma der Vollständigkeit der gesetzlichen Ordnung: wenn es hier auch in erster Linie um die schöpferische Tätigkeit des Richters bei der Schließung von Lücken im Gesetz, also bei seiner Fortbildung ging[9], so entstand dabei doch ein anderes Bild von der Tätigkeit des Richters: die Bedeutung des *Willens-* und *Wertungsmomentes* in der richterlichen Urteilsbildung trat hervor[10].

Auf diesem Wege sind dann manche Autoren des Realismus und der Freirechtsschule so weit fortgeschritten, daß sie die Steuerungskraft der Rechtsnormen überhaupt leugneten und das Wesen des Urteils in der freien, gefühlsbedingten Entscheidung sahen; am weitesten sind manche Vertreter des amerikanischen Realismus gegangen. Für Jerome Frank ist die richterliche Entscheidung schlechthin irrational; sie beruht auf einem „hunch", einem Einfall, der psychologisch mannigfach bedingt sein kann[11]. Für den Deutschen Isay beruht sie auf einer auf der Grundlage des Wertgefühls erfolgenden *Intuition*[12]. Erst hinterher werde die Entscheidung mit dem Gesetz verglichen und aus ihm begründet. Dieses Vergleichen habe in erster Linie den Sinn einer

[8] *Ihering*, Geist des römischen Rechts III (4. Aufl. 1888), S. 321.

[9] vgl. dazu unten V.

[10] vgl. dazu z. B. ein Werk wie *Bülow*, Gesetz und Richteramt (1885).

[11] *J. Frank*, Law and Modern Mind (1930).

[12] *Isay*, Rechtsnorm und Entscheidung (1929).

Kontrolle der an sich intuitiv gefundenen Entscheidung; sie diene außerdem dazu, die Entscheidung als allgemein gültig zu erweisen[13]. Hier wird also die Möglichkeit, den Richter in seiner Entscheidung zu binden, im Grunde überhaupt geleugnet; dem Gesetz bleibt nur die Bedeutung eines Anhaltes für die Selbstkontrolle des an und für sich frei entscheidenden Richters. Isay hat sich für seine Ansicht auf ein ausgedehntes Erfahrungsmaterial aus der richterlichen Praxis berufen.

Dieser Gesichtspunkt läßt sich nun freilich in einer Richtung weiterentwickeln, in der man wieder auf objektive Gegebenheiten — wenn auch nicht auf das *Gesetz* — stößt. Die zunächst irrational erscheinende Reaktion des Richters wird sich nämlich mit soziologischen Gegebenheiten, Standesvorurteilen, Ideologien verknüpfen lassen. Diesen Weg hat Carl Schmitt verfolgt, wenn er als Grundlage des richterlichen Urteils die Durchschnittsanschauungen der Richterschaft, insbes. der Disziplinarrichter, ansieht[14]. Diese Anschauung hat die marxistische Rechtslehre genauer entwickelt.

Nicht ohne Einfluß auf den Wandel der Anschauungen war schließlich, wenigstens in Deutschland, daß die Rechtsprechung mehr und mehr auf die Generalklauseln des BGB zurückgriff und gleichzeitig die in den Grundrechten der Verfassung niedergelegten allgemeinen Wert- und Ordnungsvorstellungen zur Entfaltung brachte[15]. Denn damit wurde deutlich, daß richterliches Urteilen auch der Verwirklichung von Wertvorstellungen dienen kann.

Alle diese Gesichtspunkte führen zu der Ansicht, daß die Rechtsanwendung nicht einfach als Subsumtion aufgefaßt werden kann, sondern ein Vorgang zweckgerichteter Willensbetätigung ist, bei dem die dem Gesetz entnommenen Wertungen — seien sie sittlicher, seien sie pragmatischer Art — die entscheidende Rolle spielen. Der Richter hat den Sachverhalt nicht einfach unter die Ordnungsbegriffe logisch einzuordnen; er hat — teleologisch — zu fragen, ob auf den Sachverhalt, wie er vor ihm liegt, die gesetzliche Regel nach ihren sittlichen und praktischen Zwecken anzuwenden ist. Danach hat er auch die im gesetzlichen Tatbestand verwendeten Allgemeinbegriffe zu interpretieren.

[13] vgl. *Isay*, aaO., S. 248.

[14] vgl. dazu *C. Schmitt*, Gesetz und Urteil (1912).

[15] Dazu *Coing*, Rechtspolitik und Rechtsauslegung in hundert Jahren deutscher Rechtsentwicklung, in: Verhandlungen des 43. Deutschen Juristentages (München 1960) II, S. B 1 ff.

4. Angesichts dieser Entwicklung des Problems muß man zwei Fragen stellen. Ist es überhaupt sinnvoll, von einer Anwendung des Rechts zu sprechen? Und, wenn wir diese Frage bejahen, welche Methode soll bei der Anwendung des Rechts befolgt werden?

Die erste Frage ist notwendig geworden durch Theorien, wie sie Isay und Frank aufgestellt haben; danach beruht die richterliche Entscheidung auf Gefühl und Intuition; sie ist daher vom Gesetz her nicht zu steuern. Von „Anwendung" des Rechts kann eigentlich keine Rede sein. Soweit diese Theorie auf der allgemeinen Ansicht beruht, alle Werturteile seien irrationaler Natur, können wir auf die Gesichtspunkte zurückgreifen, die wir an anderer Stelle zu dieser Frage entwickelt haben[16]. Es ist dort gezeigt worden, daß nicht nur die Urteile, in denen wir feststellen, ein bestimmtes Verhalten sei sinnvoll, um einen bestimmten Zweck zu erreichen (also das Werturteil im Rahmen einer Zweck-Mittel-Relation), rational begründbar sind, sondern daß dies auch für ethische Urteile insofern gilt, als sie mit rationalen Argumenten gerechtfertigt werden können. Soweit jene Theorie sich aber auf besondere Erfahrungen mit dem richterlichen Urteil beruft, ist sie durch die Wirklichkeit nicht erhärtet. Auch wenn am Anfang einer richterlichen Entscheidung eine Intuition steht, so wird doch diese Intuition vom Richter — wie vom Juristen überhaupt — am Gesetz, an den Ergebnissen der Lehre, an Vorentscheidungen[17] geprüft; und der Richter wird, wenn er die zunächst intuitiv gefundene Regel, nach der er den Fall entscheiden will, dort nicht bestätigt findet, in der Regel seine Auffassung korrigieren. Diese Kontrolle der intuitiv gefundenen Regel ist also mehr als eine bloße Rationalisierung: sie ist Prüfung derselben am Gesetz und führt eventuell zur Verwerfung der zunächst angenommenen Lösung. Damit aber wird sie zur Anknüpfung an das Gesetz und der Gesamtvorgang zur Rechtsanwendung[18].

Ferner wird bei Isays und Franks Theorie die Spontaneität der richterlichen Entscheidung, auch da wo sie echte sittliche Entscheidung ist, überschätzt.

Gewiß, jedes echte sittliche Urteil und jede echte sittliche Entscheidung erwächst aus einer spontanen Äußerung des sittlichen Ge-

[16] vgl. Coing, Grundzüge der Rechtsphilosophie, S. 112 ff.

[17] Auf deren Bedeutung weist vor allem *Kriele*, Theorie der Rechtsgewinnung (1967), S. 258, 262 hin.

[18] Zur Frage der richterlichen Intuition vgl. das auch sonst wichtige Buch von *Scheuerle*, Rechtsanwendung (1952), S. 101.

fühls angesichts einer bestimmten Situation. Und gewiß ist das sittliche Fühlen selbst im Menschen ursprünglich angelegt. Aber es ist nicht unbeeinflußbar. Es gibt nicht nur eine Kultur des Verstandes, sondern auch eine Kultur des Herzens. Es gibt eine sittliche Erziehung, die das sittliche Fühlen verfeinert, die in uns angelegten sittlichen Kräfte stärkt und uns ihre Forderungen deutlicher zum Bewußtsein bringt, genau so wie es eine Bildung und Verfeinerung des ästhetischen Empfindens gibt. Die sittliche Erziehung vollzieht sich so, daß wir bestimmte Regeln für unser Verhalten in bestimmten Situationen, die aus der sittlichen Erfahrung vergangener Generationen stammen, zunächst mehr oder weniger mechanisch aufnehmen, dann aber aus unserem eigenen Werterleben innerlich verstehen und uns zu eigen machen.

Die Wirkung der überkommenen Rechtsordnung auf den Richter entspricht nun dem Einfluß der ethischen Tradition auf das Fühlen des einzelnen. Das Recht enthält in seinen Regeln die sittliche Erfahrung vieler Generationen; in ihm sind die Entscheidungen niedergelegt, die gerecht und freiheitlich, zuverlässig und wahrhaftig gesonnene Menschen in Jahrhunderten für bestimmte Situationen des sozialen Lebens als richtig empfunden haben. Die Rechtsregeln geben sittliche Erfahrungen, Rechtsgedanken, wieder. Der Umgang mit dem Recht übt daher auf das sittliche Gefühl des Juristen eine verfeinernde, kultivierende Wirkung aus; das Gefühl für die Werte, auf denen sein Recht beruht, Gerechtigkeit, Freiheit, Treu und Glauben, wird in ihm besonders lebendig[19]. Daher wird auch die intuitive Entscheidung eines wahren Juristen, die aus der Reaktion seines Rechtsgefühls entspringt, von den Wertungen seiner Rechtsordnung vorgeprägt sein.

Wenden wir uns nun der Frage des Verfahrens zu, das bei der Rechtsanwendung eingehalten werden soll, so liegt es auf der Hand, daß unsere Anschauung vom Sinne des Rechtes nicht ohne Einfluß darauf sein kann, welche Antwort wir geben. Hier ist die Ansicht entwickelt worden, daß das positive Recht als Versuch aufgefaßt werden sollte, eine gerechte und zweckmäßige soziale Ordnung auszuarbeiten. Diesem Sinne der Rechtsordnung selbst muß dann auch ihre Anwendung entsprechen. Sie hat die Aufgabe, die Gerechtigkeits- und Zweckgedanken, die im Gesetz niedergelegt sind, in der Lösung des konkreten Falles zur Geltung zu bringen und ihn nach ihnen zu entscheiden. Hierfür reicht sicher ein Subsumtionsverfahren nicht aus, das sich darauf beschränkt, zu prüfen, ob die einzelnen

[19] Das zu erreichen, die sittlichen Grundwerte des Rechts lebendig werden zu lassen, sollte auch das erste Ziel der Rechtserziehung sein.

Tatbestandselemente, wie sie in der Norm formuliert sind, etwa nach ihrer lexikographischen Bedeutung im gegebenen Sachverhalt verwirklicht sind. Dieses Verfahren muß deshalb verfehlt sein, weil der gesetzliche Tatbestand selbst ja unter Wertungsgesichtspunkten gebildet ist. Wenn, wie Rickert[20] uns gelehrt hat, hinter jeder sinnvollen Einteilung von Phänomenen, jeder sinnvollen Bildung von Artbegriffen, eine Theorie stehen muß, so ist diese Theorie im Falle der rechtlichen Norm eben die Zusammenfassung bestimmter Erscheinungen unter Wertgesichtspunkten: daher muß nun auch die Abgrenzung der im Tatbestand auftauchenden Worte und die Klärung der bei der Subsumtion auftauchenden Zweifel unter eben diesen Wertgesichtspunkten erfolgen.

Ebensowenig aber reicht in allen Fällen der „denkende Gehorsam" aus, von dem Heck gesprochen hat. Er kann nur genügen, wenn mit der gesetzlichen Regel bestimmte praktische Zwecke, etwa bestimmte wirtschaftliche Entwicklungen bei Gesetzen über Subventionen, gefördert werden sollen, also bei Gesetzen pragmatischer Natur. Anders liegt es aber, wenn das Gesetz auf Gerechtigkeitserwägungen beruht. Dann verlangt die Gesetzesanwendung, daß der Richter vor dem konkreten Tatbestand die Wertung des Gesetzes wiederholt und danach seine Entscheidung trifft. Dann kann diese also nicht erreicht werden, ohne daß er die in ihm selbst lebendigen Wertvorstellungen ins Spiel bringt.

Hier verknüpfen sich, wie Erich Kaufmann so eindrucksvoll gezeigt hat[21], die objektive Sittlichkeit des Gesetzes und das persönliche Ethos des Richters. Es gibt keine Verwirklichung des Rechts ohne dieses persönliche Element; denn verwirklichen heißt lebendig machen.

Natürlich liegen hier auch Gefahren. Wird es dem Richter gelingen, die Wertungen des Gesetzes lebendig zu machen? Wird er nicht seine persönlichen Wertungen an die Stelle setzen? Ist hier — mit anderen Worten — nicht die Einbruchsstelle der Ideologie des Richterstandes? Niemand kann diese Gefahren leugnen. Um so wichtiger aber ist es, den rationalen Gehalt der dem Gesetz zugrunde liegenden Werte herauszuarbeiten, weil nur so der Richter in die Lage versetzt wird, sich selbst zu kontrollieren. An dieser Stelle wird vielleicht der Sinn der Bemühungen um eine Theorie der Gerechtigkeit erst vollkommen deutlich. Nur sie kann uns in den Stand setzen, einer-

[20] *Rickert,* Zur Lehre von der Definition (3. Aufl. 1929).

[21] Gleichheit vor dem Gesetz im Sinne des Art. 109 der Reichsverfassung. in: Veröffentlichungen der Vereinigung der Deutschen Staatsrechtslehrer, Heft 3 (1927).

seits dem Subjektivismus vorzubeugen, andererseits aber auch der Auflösung der Werteinsicht in Ideologiekritik zu begegnen[22].

Im Ergebnis komme ich also zu der oben gekennzeichneten Methode teleologischer Rechtsanwendung[23], die man auch als wertkritische Methode bezeichnet hat[24].

Der Richter hat den Fall auf die im Konflikt befindlichen Interessen zu untersuchen; er muß sich fragen, wie der Gesetzgeber einen solchen Konflikt bewertet hat. Danach wird er mit Hilfe des Gesetzes, den Präjudizien, der Literatur suchen. Er wird dabei die gesetzlichen Tatbestände aus der Wertung des Gesetzes, also teleologisch, verstehen.

Man wird gegen diese These vielleicht einwenden, daß in der Praxis doch sehr viele Fälle, wenn nicht die meisten, ohne eine derartig genaue Prüfung entschieden wurden — eben doch durch einfache Subsumtion. Das ist unbestreitbar: es gibt eben Fallgruppen, deren Problematik längst erkannt ist und für welche die Frage, nach welcher Regel sie zu entscheiden sind, durch das Gesetz und seine Auslegung in Präjudizien und Wissenschaft geklärt ist. Hier kann und soll der Richter in der Tat das Ergebnis dieser Vorarbeit benutzen. Das ist nicht nur eine legitime Arbeitsersparnis, sondern entspricht auch den Geboten der Gleichbehandlung und der Rechtssicherheit[25]. Trotzdem darf und wird kein guter Richter jemals vollkommen routinemäßig verfahren; er wird sich den Sinn dafür bewahren, wo ein Fall — auch ein Fall, der prima facie ein Routinefall zu sein scheint — der genaueren Prüfung im Sinne jenes hier geschilderten Verfahrens bedarf.

V.

1. Die Aufklärung und die im 19. Jahrhundert herrschende Lehre haben daran geglaubt, daß das Gesetz vollständig sei. Für den Fall, daß der Gesetzgeber doch einen Fall übersehen haben sollte, waren besondere Verfahren vorgesehen, welche eine Regelung durch den Gesetzgeber selbst gewährleisten sollten. Die französische Gesetzgebung hatte hierfür den sogen. Référé obligatoire organisiert; in Preußen war eine Mitteilung an das Justizministerium vorgesehen. Indessen haben sich diese Regelungen in der Praxis offenbar nirgends bewährt. Nach kürzerer oder längerer Zeit gab man die Aufgabe, die Probleme, die durch Gesetzeslücken oder unklare Gesetzesregelungen entstehen,

[22] Richtig *Kriele,* Theorie der Rechtsgewinnung (1967), S. 54.

[23] vgl. oben Abschn. IV. 3.

[24] vgl. *Germann,* Methodische Grundfragen (1946), S. 109.

[25] vgl. dazu insbes. *Kriele,* aaO., S. 258, 262.

zu lösen, an den Richter zurück. Am deutlichsten ist dies in Frankreich durch den berühmten Art. 4 des Code Civile geschehen: „Le juge qui refusera de juger, sous prétexte du silence, de l'obscurité ou de l'insuffisance de la loi, pourra être poursuivi comme coupable de déni de justice."

Entsprechende Grundsätze gelten in allen Staaten, die eine kodifizierte Rechtsordnung besitzen.

2. Damit wird dem Richter eine dreifache Aufgabe auferlegt. Er muß über jeden Anspruch, der vor ihm geltend gemacht wird, entscheiden; er kann nicht — wie es den römischen Geschworenen der klassischen Zeit möglich war — es ablehnen, ein Urteil zu erlassen, weil er keine gesetzliche Norm findet. Der Richter ist auf der anderen Seite dem Gesetz unterworfen; er soll also die vor ihn gebrachten Klagen aufgrund des Gesetzes entscheiden. Schließlich verpflichtet ihn sein Eid, sein Urteil nicht nur aufgrund des Gesetzes, sondern auch billig und gerecht zu fällen. Seine Tätigkeit steht unter der Devise, die man an das Gebäude des Supreme Court der Vereinigten Staaten gemeißelt hat: „Equal justice under law."

Die Erfahrung zeigt nun aber, daß es für den Richter nicht in jedem Falle möglich ist, diesen drei Anforderungen gleichmäßig gerecht zu werden. Natürlich kann ein Richter, wenn ein Anspruch vor ihm geltend gemacht wird, der auf Sachverhalten beruht, die der Gesetzgeber nicht ins Auge gefaßt hat, einfach die Klage abweisen, weil sie sich nicht auf einen gesetzlichen Text stützen kann. Dann wird er aber unter Umständen seine Verpflichtung, gerecht und billig zu entscheiden, verletzen.

Wenn er dagegen in einem solchen Fall sich vom Gesetze entfernt, um den Fall gerecht zu lösen, dann wird er seine Verpflichtung, den Fall nach dem Gesetz zu entscheiden, verletzen müssen.

Das Problem, das sich damit stellt, ist das Problem der sogen. Lücke im Gesetz. Hierunter versteht man nicht nur die Fälle, für die sich im Gesetz überhaupt keinerlei Lösung finden läßt — solche Fälle werden verhältnismäßig selten sein —; vielmehr handelt es sich um Probleme, die vom Gesetzgeber nicht oder nicht vollständig gesehen worden sind und für die daher im Gesetz eine gerechte und sachgemäße Lösung nicht zu finden ist[1].

3. Nun hat freilich die Rechtstheorie des 19. Jahrhunderts im Interesse der Lehre von der Vollständigkeit der Rechtsordnung auf

[1] vgl. *E. Zitelmann*, Lücken im Recht (1903).

verschiedene Weise darzutun versucht, daß solche Lücken in Wahrheit nicht vorhanden seien.

Einmal hat man zu diesem Zweck auf die Möglichkeiten verwiesen, welche die sogen. juristische Logik bietet. Auftretende Lücken sind danach durch ein argumentum a fortiori, durch Analogieschluß oder durch das Argumentum e contrario (expressio minus, exclusio alterius) zu schließen. Die deutsche Begriffsjurisprudenz des 19. Jahrhunderts verwies dabei insbes. auf die produktiven Kräfte, welche in dem über den Gesetzestext selbst entwickelten juristischen System steckten[2]. Der Rückgriff auf die von der Wissenschaft entwickelten vorgegebenen Begriffe der Rechtsinstitute sollte eventuelle Einzellücken im Normenbestand der gesetzlichen Regelung zu schließen erlauben.

Für solche Lücken, die im Gesetz dadurch entstanden, daß der zeitliche Abstand vom Erlaß des Gesetzes, insbes. der Kodifikation, wuchs, bot weiter die objektive Theorie der Auslegung[3] einen Ausweg. Da nach dieser Theorie der Text des Gesetzes losgelöst von den Vorstellungen seiner Urheber, also den Absichten des historischen Gesetzgebers auszulegen ist, war es möglich, die vorhandenen Texte nicht aus der Vorstellungswelt der Entstehungszeit der Gesetze, sondern aus derjenigen der eigenen Zeit des Interpreten zu verstehen. In diesen Zusammenhang gehört dann auch die Lehre, daß das Gesetz unter Umständen klüger sein könne als der Gesetzgeber: daß sich mit anderen Worten, gerade bei objektiver Auslegung, dem Gesetz unter Umständen eine Lösung für Fälle entnehmen lasse, an die der Gesetzgeber weder gedacht habe noch überhaupt denken konnte. Es liegt auf der Hand, daß dies unter Umständen die Anpassung älterer Gesetzestexte an die Bedürfnisse der eigenen Zeit des Auslegenden außerordentlich erleichtert. Ich darf hier erneut an die Auslegung des Art. 1384 Code Civil im Sinn einer objektiven Haftung für Gefahren, die von bestimmten Sachen ausgehen, erinnern.

Aber gegen diese Behelfe lassen sich doch schwerwiegende Bedenken geltend machen. Die Figuren der sogen. juristischen Logik wie Analogie oder argumentum a fortiori beschreiben zwar bestimmte Denkverfahren, aber aus ihnen ergibt sich nicht, wann das eine oder das andere anzuwenden ist. Dies gilt insbes. für das Verhältnis von Analogieschluß und argumentum e contrario. Die Kriterien dafür, ob ich eine gesetzliche Regel im Wege der Analogie auf einen Fall übertrage, der gegenüber deren Tatbestand Abweichungen aufweist, oder ob ich den Umkehrschluß ziehe, ebenso dafür, ob ich extensiv

[2] vgl. dazu oben Abschn. II. 3. [3] vgl. dazu oben Abschn. III. 2.

oder restriktiv auslegen soll, kann mir die juristische Logik nicht liefern; ich muß sie auf andere Weise zu gewinnen suchen und werde praktisch zunächst auf die *Auslegung* des Gesetzes zurückverwiesen. Mit deren Hilfe wird es häufig möglich sein, festzustellen, ob eine Aufzählung im Gesetz abschließend gemeint war oder nur exemplifikativ, und danach zu entscheiden, ob der Umkehrschluß (argumentum e contrario) gerechtfertigt ist oder nicht. Auch Fragen der extensiven oder restriktiven Auslegung werden sich klären lassen, wenn ich den Willen des Gesetzgebers feststellen und mit der Formulierung, die er gewählt hat, vergleichen kann. Dann bleibe ich in der Tat im Bereich der Gesetzesauslegung und Gesetzesanwendung und das Lückenproblem stellt sich nicht. Anders liegt es aber regelmäßig bei der Analogie. Darüber, ob eine gesetzliche Regel auf einen ähnlichen Fall im Wege der Analogie zu übertragen ist, wird mir die Auslegung in der Regel nichts sagen. In Wahrheit folge ich hier nicht als Vollstrecker des Gesetzes dem — ausgelegten — Gesetzesbefehl, sondern ich benutze eine im Gesetz für einen anderen Fall vorgesehene Regelung als *Gesichtspunkt*, als Anknüpfungspunkt bei der Aufstellung einer Regel für einen nicht oder nicht sachgerecht geregelten Fall. Damit befinde ich mich aber nicht mehr im Bereich der Gesetzesanwendung, sondern, wie Gény richtig ausgeführt hat, in einem ganz anderen Feld, nämlich dem der freien Forschung, die die passende Regel für den zur Entscheidung stehenden Fall sucht, also im Bereich der Rechtsschöpfung[4].

Was die Methode der Auslegung des Gesetzes „aus der Zeit" angeht, die eine Konsequenz der Bevorzugung der sogen. objektiven Auslegungsmethode ist, so hat wiederum Gény mit Recht darauf hingewiesen, daß sie, ganz im Gegensatz zu ihrem scheinbar „objektiven" Charakter, einer höchst subjektiven und willkürlichen Auslegung des Gesetzes Tür und Tor öffnet. In der Tat kann die Auslegung eines großen Gesetzeswerks, die von den Gedanken der Urheber völlig abstrahiert und sich nur an die Worte hält, die nun reinterpretiert werden, den Charakter des Beliebigen, ja des Spiels annehmen — jeder Jurist kennt Arbeiten, insbes. Anfängerarbeiten, dieser Art. Gewiß wandeln sich — darauf hat Stone in diesem Zusammen-

[4] vgl. *Gény*, Méthode d'interprétation et sources en droit privé positif (2. Aufl. Neudruck 1954) I, S. 304 ff.

Für die Einordnung der Aufstellung einer Rechtsregel im Wege der Analogie bei der *Rechtsschöpfung* auch *Meier-Hayoz*, Der Richter als Gesetzgeber (1951), S. 73.; *Stone*, Legal System and Lawyers' Reasonings (1964), S. 312 (unter Hinweis auf Austin); *Du Pasquier*, Les Lacunes de la Loi et la Jurisprudence Suisse sur l'Article 1er CCS (1951), S. 31 f.

hang hingewiesen[5] — die objektiven Wortbedeutungen mit der Entwicklung der allgemeinen Sprache; aber das allein berechtigt noch nicht, den gesetzlichen Gedanken zu ändern. Festen Boden hat man nur unter den Füßen, wenn man feststellen kann, daß der historische Gesetzgeber den betreffenden Fall gesehen und entschieden hat. Legitim ist nicht die beliebige Reinterpretation: legitim ist nur die allmähliche Veränderung des Gesetzesverständnisses durch den Prozeß der Auslegung in Wissenschaft und Präjudizien, die z. B. bestimmten Gesetzesbestimmungen allmählich größeres Gewicht gibt, andere zur lettre morte verurteilt. Aber damit befinden wir uns eben wieder zum mindesten im Grenzbereich von Gesetzesanwendung und schöpferischer Rechtsfortbildung durch Schließen von Lücken.

Was schließlich den Gedanken angeht, daß im Gesetz mehr an regulativem Gehalt stecken könne als der Gesetzgeber selbst gewußt habe, so haben wir hier ein Phänomen vor uns, das den Geisteswissenschaften auch sonst bekannt ist und das unter der Formel bekannt ist, daß der Interpret unter Umständen den Text besser verstehe als der Autor selbst[6].

Von den Fällen, in denen dieser Satz nach den Untersuchungen von Bollnow seine Berechtigung hat, wird bei dem Gesetz regelmäßig der gegeben sein, daß eine Gedankenbewegung nicht voll zum Abschluß gekommen, ein im Gesetz verwendeter Gedanke nicht in seinen vollen Konsequenzen erfaßt und entwickelt ist, so daß derjenige, der das Gesetz anwendet, nun die Möglichkeit hat, ihn in seiner vollen Bedeutung zu entfalten. Als Beispiel könnte man den Gedanken der Vertrauenshaftung im deutschen BGB nennen. Gewiß besteht hier also eine interpretatorische Möglichkeit: aber wiederum ist zu fragen, ob sich dies Verfahren noch mit der einfachen Anwendung des Gesetzes auf eine Stufe stellen läßt, ob hier nicht wiederum eine Fortbildung des Gesetzes vorliegt, um eine Regel für einen Fall zu finden, den der Gesetzgeber nicht gesehen hat.

Bei genauer Prüfung wird man sich der Bejahung dieser Frage kaum entziehen können. Daß die Richter die Tendenz haben, auch die von ihnen neu entwickelten Regeln aus dem Gesetz zu legitimieren und daher als Ergebnis bloßer Gesetzesauslegung darzustellen, entspricht ihrer Stellung und ehrt sie[7]; aber die Wissenschaft muß die Dinge nach ihrer Eigenart unterscheiden.

[5] vgl. *Stone*, aaO., S. 32 ff.

[6] vgl. dazu die Untersuchung von *Bollnow*, Das Verstehen (1949).

[7] vgl. zu dieser Haltung der Richter die Feststellungen von *Du Pasquier*, aaO., S. 26, 72; *Meier-Hayoz*, Der Richter als Gesetzgeber (1951), S. 122 über diejenige des Schweizer Bundesgerichts.

4. Es hat sich denn auch wohl in allen Ländern, die über eine zeitlich zurückliegende Kodifikation verfügen, die Erkenntnis durchgesetzt, daß auch eine umfassend angelegte Kodifikation eben Lücken aufweist und daß diese Lücken vom Richter zu füllen sind.

In Deutschland hat sich diese Erkenntnis zunächst durch einzelne Arbeiten vom Ende des 19. Jahrhunderts angebahnt[8] und wurde in extremer Form von der sogen. Freirechtsschule vertreten. In der Kampfschrift von Kantorowicz „Der Kampf um die Rechtswissenschaft"[9] wird eine scharfe Kritik an der sogen. juristischen Schlußlogik vorgenommen, mit der die damals herrschende Lehre das Problem der Lücke im Gesetz hinweginterpretieren wollte[10]. Dann heißt es:

„Wir fordern deshalb, daß der Richter, durch seinen Eid verpflichtet, den Fall so entscheidet, wie er nach klarem Wortlaut des Gesetzes zu entscheiden ist. Von diesem darf und soll er absehen erstens, sobald ihm das Gesetz eine zweifellose Entscheidung nicht zu bieten scheint, zweitens, wenn es seiner freien und gewissenhaften Überzeugung nach nicht wahrscheinlich ist, daß die zur Zeit der Entscheidung bestehende Staatsgewalt die Entscheidung so getroffen haben würde, wie es das Gesetz verlangt. In beiden Fällen soll er die Entscheidung treffen, die seiner Überzeugung nach die gegenwärtige Staatsgewalt, falls der einzelne Fall ihr vorgeschwebt hätte, getroffen haben würde. Vermag er eine solche Überzeugung nicht herzustellen, so soll er nach freiem Recht entscheiden."[11]

Unter freiem Recht verstand Kantorowicz dabei nichtstaatliches, von der staatlichen Rechtsetzung und staatlichen Macht daher unabhängiges Recht. Hierzu rechnete er insbes. auch das durch den Richter geschaffene Recht[12].

Extrem ist diese Stellungnahme deswegen, weil die Tendenz offensichtlich ist, den Anwendungsbereich des Gesetzes möglichst einzuschränken. Das war in einem Lande, in dem kodifiziertes Recht herrscht, zweifellos eine Übertreibung; sie hat sich auch nicht durchgesetzt. Wohl aber ist auf die Dauer die Erkenntnis, daß es auch im kodifizierten Recht Lücken gibt, die der Richter schließen kann und darf, allmählich angenommen worden. Von großem Einfluß war dabei die berühmte Formel des § 1 des Schweizerischen Zivilgesetzbuches: „Das Gesetz findet auf alle Rechtsfragen Anwendung, für die es nach Wortlaut oder Auslegung eine Bestimmung enthält. Kann dem

[8] vgl. etwa *Bülow*, Gesetz und Richteramt (1885).

[9] Veröffentlicht 1906 unter dem Pseudonym „Gnaeus Flavius".

[10] vgl. *Gnaeus Flavius*, aaO., S. 25 ff.

[11] aaO., S. 41.

[12] aaO., S. 10, 20.

Gesetz keine Vorschrift entnommen werden, so soll der Richter nach Gewohnheitsrecht und, wo auch ein solches fehlt, nach der Regel entscheiden, die er als Gesetzgeber aufstellen würde. Er folgt dabei bewährter Lehre und Überlieferung."

Für die jetzige Auffassung der deutschen Rechtsprechung ist das Urteil des BGH vom 30. 10. 1951[13] charakteristisch. In diesem Verfahren hatte sich die Revision dagegen gewendet, daß ein durch Beschluß des großen Zivilsenates festgestellter Rechtssatz vom Oberlandesgericht als geltendes Recht betrachtet wurde. Sie hatte ausgeführt, daß diese Bindung im Prinzip dem Grundsatz widerspreche, daß der Richter dem Gesetz unterworfen sei. Indem der Bundesgerichtshof sich mit diesen Argumenten auseinandersetzt, führt er folgendes aus:

„Dieser Grundsatz hat nicht die Bedeutung einer Bindung des Richters an das Gesetz als eine nicht mehr fortbildungsfähige Norm. Die richtige, d. h. dem Rechte gemäße Anwendung des positiven Rechts gestattet dem Richter nicht nur, das Recht im Sinne seiner Weiterentwicklung durch Auslegung des gesetzten Rechtes fortzubilden, sondern sie verpflichtet ihn sogar hierzu, wenn die Findung einer gerechten Entscheidung dies erfordert."

In Frankreich ist es vor allem das Werk von François Gény gewesen, diese Erkenntnis durchzusetzen. Er hat gezeigt, daß neben dem Gesetz die autorité von Lehre und Rechtsprechung, von Doctrine und Jurisprudence steht, und daß aus diesen Rechtsquellen die im Gesetz auftauchenden Lücken zu schließen sind. Er hat dabei insbes. gezeigt, daß schon beim Verfahren der Analogie in Wahrheit keine Rechtsanwendung mehr vorliegt, weil das Gesetz hier in Wahrheit nicht mehr als Gesetzesbefehl, sondern als Ausgangspunkt für eine allgemeine Argumentation im Rahmen der freien Forschung verwendet wird[14]. Dadurch gelangte Gény zu einer grundlegenden Unterscheidung zwischen Rechtsanwendung und freier Rechtsfortbildung. Natürlich hat auch Gény damit nicht geleugnet, daß zwischen Auslegung und Fortbildung ein innerer Zusammenhang besteht, und daß beide ineinander übergehen können. Aber es bleibt sein Verdienst, herausgearbeitet zu haben, daß mit der Rechtsfortbildung ein völlig neues Verfahren der Rechtsfindung beginnt[15].

[13] BGH JZ 1952, 110 ff.

[14] *Gény*, Méthode d'interprétation et sources en droit privé positif (2. Aufl. Neudruck 1954) I, S. 304; II, S. 117, 120 f.

[15] Diese Erkenntnis ist in Deutschland vor allem in *Essers* grundlegendem, auf breiter rechtsvergleichender Basis aufgebauten Werk „Grundsatz und Norm in der richterlichen Fortbildung des Privatrechts" (1956) herausgearbeitet worden.

Auf den damit geschaffenen Einsichten muß die Theorie der Fortbildung des Rechtes aufbauen.

5. Eine Lücke im Gesetz liegt vor, wenn eine bestimmte Fallgestaltung und die damit gegebenen Probleme vom Gesetzgeber nicht oder nicht vollständig gesehen worden sind und daher aus dem Gesetz auch mit den Mitteln der Auslegung für die damit aufgeworfenen Probleme keine sachgemäße Lösung zu finden ist. Ob und in welchem Umfange der Gesetzgeber solche Fallgestaltung vor Augen gehabt hat, muß durch die historische Auslegung festgestellt werden. Solche Lücken werden sich insbes. dadurch ergeben, daß sich die wirtschaftlichen und sozialen Verhältnisse gegenüber denjenigen, wie sie zur Zeit des Erlasses der Kodifikation bestanden haben, ändern.

Die Lücke durch Aufstellung einer Norm, welche den neuen Problemen gerecht wird, zu schließen, ist Aufgabe des Richters. Die Rechtswissenschaft wird ihm dabei, genau wie bei der Auslegung des Gesetzes, vorarbeiten.

Das positive Recht kann von diesem Grundsatz Ausnahmen zulassen und dem Richter im Interesse der Rechtsunterworfenen verbieten, Lücken zu schließen. Eine Ausnahmeregelung dieser Art gilt im Strafrecht aufgrund des Satzes nulla poena sine lege. Er bedeutet in unserem Zusammenhang, daß die Rechtsprechung nicht berechtigt ist, im Wege der Rechtschöpfung neue Straftatbestände — etwa im Interesse der Gleichheit — zu schaffen. Schließung von Lücken im Strafrecht ist dem Richter vielmehr nur insoweit erlaubt, als dadurch keine neuen Straftatbestände geschaffen werden. Solche Ausnahmebestimmungen dürfen nicht mit dem generellen Verbot der Rechtschöpfung durch den Richter im Interesse der ausschließlichen Gesetzgebungsgewalt der Legislative auf gleiche Ebene gesetzt werden. Das treibende Motiv ist hier ein anderes. Während dort die ausschließliche Kompetenz des Gesetzgebers im Vordergrund steht, handelt es sich hier um den Schutz der Freiheit des einzelnen Bürgers.

Das Verfahren bei der Lückenschließung entwickelt sich so, daß zunächst die im Spiel befindlichen Interessen genau entwickelt werden, die gegebene und zu ordnende Situation also auf ihren tatsächlichen und interessenmäßigen Gehalt hin untersucht wird. Nach der Feststellung, daß der Gesetzgeber diese Situation sich nicht vollständig vor Augen gestellt hat, werden die möglichen Regelungsgesichtspunkte aufzufinden, zu vergleichen und gegeneinander abzuwägen sein. Hierbei kann die Rechtsvergleichung eine entscheidende Hilfe leisten. Ebenso wird natürlich zu prüfen sein, ob das eigene Gesetz an irgendeiner Stelle Gesichtspunkte enthält, die sich für die sachgemäße Ordnung des Problems verwenden lassen. Ebenso werden die bekannten Aspekte der Gerechtigkeit, die Grundsätze der Gerechtigkeit heranzuziehen sein. Richtig hat Allen auf die Frage „To what, then, do the judges turn?" geantwortet: „To those principles of reason, morality and social utility which are the fountain-head not only of English law but of all law."[16]

Aufgrund dieser Elemente wird dann eine Regel für das offene Problem aufgestellt werden.

Die Erörterung, in der diese neue Regel gefunden wird, wird sich im Wege der freien wissenschaftlichen Erörterung vollziehen. Sie ist libre recherche im Sinne von Gény. Die Erfahrung zeigt, daß die Rechtsprechung unter Berücksichtigung des Standes der wissenschaftlichen Diskussion sich in solchen Fällen allmählich von Entscheidung zu Entscheidung, so wie die Fälle aufkommen, an die Regel herantastet, die sie schließlich feststellt und mit der sie das Problem löst.

Beispiele lassen sich wohl in jedem System kodifizierten Rechtes ohne Schwierigkeit finden. Aus dem deutschen Recht sei etwa an das Problem der Behandlung nichtiger oder anfechtbarer Gesellschaftsverträge erinnert, oder an die Entwicklung der Grundsätze für das Handeln auf eigene Gefahr, bei der der rechtsvergleichenden Arbeit von Stoll[17] entscheidende Bedeutung zugekommen ist.

Damit nähert sich die Schließung einer Lücke im Gesetz dem Verfahren neuer Rechtsbildung, der Vorbereitung neuer Gesetzgebung in gewissem Umfange an. Trotzdem zeigt der Vergleich mit den rechtspolitischen Erörterungen, die neuer Gesetzgebung vorausgehen, doch auch die Unterschiede, die bestehen, und die Grenzen, die der Rechtsfortbildung des Richterrechts gesetzt sind. Grundlage und Grenze des Richterrechts bleibt die Lücke im Gesetz, die durch die Pflicht zu gerechter Entscheidung entsteht. Richterliche Rechtsfortbildung wird daher immer nur Einzelprobleme betreffen, wie sie durch einzelne Fälle vor den Richter gebracht werden. Richterliche Rechtsschöpfung bleibt damit stets an die Kodifikation, die sie ergänzt, angelehnt. Eine grundsätzliche Neuregelung oder Reform ganzer Rechtsmaterien ist dem Richter verwehrt. Sein Augenmerk bleibt auf den Einzelfall und das damit verbundene Einzelproblem beschränkt. Demgegenüber ist der Gesetzgeber im Rahmen seiner Bindung an die Gerechtigkeit und ihre Prinzipien grundsätzlich frei. Infolgedessen wird sich auch eine Diskussion, die eine Neuregelung zum Ziel hat,

[16] *Allen*, Law in the Making (5. Aufl. 1951), S. 277.

[17] *H. Stoll*, Das Handeln auf eigene Gefahr (1961).

eine Diskussion de lege ferenda, anders bewegen als eine Diskussion, welche im Wege der libre recherche eine Rechtslücke schließen soll. Sie wird in jeder Hinsicht weiter ausgreifen können und stärker experimentellen Charakter tragen.

VI.

1. Nicolai Hartmann hat einmal den Versuch gemacht, zwei Denkweisen einander grundsätzlich gegenüberzustellen: die systematische und aporetische[1]. Die erste charakterisiert er folgendermaßen: „Systematische Denkweise geht vom Ganzen aus. Die Konzeption ist hier das Erste und bleibt das Beherrschende. Nach dem Standpunkt wird hier nicht gesucht, er wird zuallererst eingenommen ... Problemgehalte, die sich mit dem Standpunkt nicht vertragen, werden abgewiesen."[2] Von der zweiten sagt er: „Aporetische Denkweise verfährt in allem umgekehrt. Ihr sind die Probleme vor allem heilig ... Sie kennt keine Zwecke der Forschung neben der Verfolgung der Probleme selbst ... Das System selbst ist ihr nicht gleichgültig, aber es gilt ihr nur als Idee, als Ausblick ... Sie zweifelt nicht daran, daß es das System gibt, nur daß es vielleicht in ihrem eigenen Denken latent das Bestimmende ist. Darum ist sie seiner gewiß, auch wenn sie es nicht erfaßt."[3]

Die eine Denkweise geht also von einem erkannten festgelegten Zusammenhang der Erkenntnisse aus; die andere ist an den Fragen, am Problem orientiert.

Versuchen wir das rechtswissenschaftliche Denken, wie es sich in unserer Analyse dargestellt hat, in diesen Gegensatz einzuordnen, so wird man es gewiß auf der Seite des Aporetischen, Problematischen einordnen müssen. Man kann schon den einzelnen Rechtssatz und die Einrichtungen des positiven Rechts im Sinne der Toynbee'schen Kulturtheorie als „Antwort" (Response) auf ein bestimmtes Ordnungsproblem (einen „Challenge") auffassen, also als Problemlösung; man kann es ferner als Ziel der juristischen Auslegung bezeichnen, Normen und damit Lösungen für zweifelhafte, offene Fragen zu finden; es läßt sich zeigen, daß die juristische Begriffsbildung, die getroffenen Unterscheidungen im Hinblick auf bestimmte Fragen erfolgen, die Rechtsfortbildung vollzieht sich in einem Prozeß der Schließung von „Lücken" im Wege einer problemorientierten Diskussion.

Die Methode des am Problem orientierten Denkens ist zunächst

[1] vgl. Diesseits von Idealismus und Realismus, Kantstudien XXIX (1924), S. 160—206.

[2] *N. Hartmann*, aaO., S. 163. [3] *N. Hartmann*, aaO., S. 164.

die Topik[4]. Sie stellt die im Umgang mit den Problemen des Forschungsgegenstandes bewährten Gesichtspunkte (Argumente) zusammen und versucht, auf ihrer Grundlage zu einer begründbaren, nachvollziehbaren Lösung zu kommen[5]. Gerade diese Methode aber fanden wir in der Jurisprudenz immer wieder angewendet: in der Auslegung zweifelhafter Punkte des Gesetzes ebenso wie bei seiner Anwendung oder Fortbildung[6]. Auch die Streiterörterung zwischen den Parteien im gerichtlichen Verfahren ist ja im Grunde nichts anderes als ein hin- und hergehender Prozeß der Argumentation, in welchem dem Richter die für die Entscheidung des Falles relevanten Argumente tatsächlicher und rechtlicher Art vorgeführt werden.

Dabei muß freilich daran erinnert werden, daß die Bedeutung von Argumenten in jeder Wissenschaft von einer anderen Sacherfahrung abhängt. Sie ist anders in der Geschichtswissenschaft, anders in der Jurisprudenz begründet. In jener beruht sie in gewissen Erfahrungsregeln, die sich bei der Verwendung von Dokumenten der Vergangenheit für die einzelnen Epochen gebildet haben, und vor allem im Vergleich mit den bereits bekannten Daten. In dieser treten andere Gesichtspunkte hervor. Es sind zunächst die Regeln der juristischen Hermeneutik; sie haben eine ähnliche Kontrollfunktion wie die der Urkundenkritik in der Geschichtswissenschaft. Es sind ferner solche, die der Ermittlung des zu beurteilenden Sachverhalts entnommen sind: die Tatumstände des Falles einschließlich der individuellen oder gruppenmäßigen Interessen, die mit ihm in Erscheinung treten. Dazu treten die Wertungsgesichtspunkte, die der geltenden Ordnung entnommen oder aus ihr entwickelt worden sind. Dabei besteht zwischen Tatsachen- und Wertargumenten ein enger Zusammenhang; denn juristische Tatsachenanalyse erfolgt stets mit Rücksicht auf vorhandene Wert- und Ordnungsgesichtspunkte: bestimmte tatsächliche Aspekte sind wichtig, weil sie begründen können, daß bestimmte Wertgesichtspunkte Anwendung finden müssen. Auch Hypothesen über künftige tatsächliche Abläufe spielen in der juristischen Argumentation eine bedeutende Rolle; sie begründen den Hinweis auf die möglichen oder wahr-

[4] vgl. *Viehweg*, Topik und Jurisprudenz (3. Aufl. 1965), S. 15; *Horn* NJW 1967, 600—608.

[5] vgl. Coing, Grundzüge der Rechtsphilosophie, S. 89 ff.

[6] Richtig *Viehweg*, aaO., S. 60 — Zum Verhältnis von Topik und Jurisprudenz vgl. auch *Stone*, Legal System and Lawyers' Reasonings (1964), Chapter 8; etwas abweichend *Kriele*, Theorie der Rechtsgewinnung, S. 121, 122, 145.

scheinlichen Folgen einer Entscheidung, die in einem bestimmten Sinne ergeht.

2. Das Ergebnis ist vielleicht überraschend. Die Jurisprudenz gilt für viele auch heute noch als eine ausgesprochen systematische Disziplin, die Rechtswissenschaft als eine dogmatisch verfahrende, d. h. axiomatisch festgelegte Grundwahrheiten explizierende Geisteswissenschaft[7]. Tatsächlich hat sich im Selbstverständnis der Jurisprudenz in den letzten Jahrzehnten ein Wandel vollzogen, eine gewisse Abkehr von der Suche nach dem System, dessen Aufbau für lange Zeit vor allem im 18. und 19. Jahrhundert im Vordergrund stand. Trotzdem hat auch heute noch die systematische Jurisprudenz durchaus ihren Platz, insbes. in der kontinentalen Rechtswissenschaft.

Worum handelt es sich bei diesem System?

Es ist wichtig zu sehen, daß die Motive zur Bildung eines juristischen Systems zunächst vor allem in Zwecken der Darstellung und der Lehre zu suchen sind. Das erste ausgearbeitete juristische System, das uns in der europäischen Rechtstradition erhalten ist, die Institutionen des römischen Juristen Gaius (etwa 160 n. Chr.) ist ein *Lehrsystem*. Es war für Schulzwecke geschrieben und hat in seiner Zeit auf die Praxis keinerlei Einfluß ausgeübt. Im einzelnen nach dem Muster der griechischen Wissenschaftsmethode, der Aufspaltung von allgemeinen Oberbegriffen geschrieben, teilt es den gesamten Stoff des positiven römischen Rechts in Personen-, Vermögens- und Aktionen-Recht[8]. Der Stoff ist anhand von sehr allgemeinen Leitbegriffen geordnet; z. B. wird das Personenrecht zunächst auf dem Gegensatz der freien und unfreien Personen, und dann auf dem Begriff der Gewalt über Personen und seinen verschiedenen Unterarten aufgebaut (Gewalt des Herrn über Sklaven, des Vaters über die Kinder, des Vormundes, des Ehemanns über die Frau usw.). Es handelt sich also nicht etwa um ein System von Normen, bei dem die einzelnen positiven Sätze aus bestimmten obersten Ordnungsprinzipien abgeleitet und damit in einen Ableitungszusammenhang gebracht werden. Das System ist vielmehr eine an gewissen Leitbegriffen orientierte, dadurch übersichtlich geordnete Darstellung des Stoffes.

Gleiches scheint im Grunde auch noch für die zahlreichen systematischen Versuche des 16. und 17. Jahrhunderts zu gelten, die frei-

[7] vgl. etwa *Rothacker*, Logik und Systematik der Geisteswissenschaften (1927); ders., Die dogmatische Denkform in den Geisteswissenschaften und das Problem des Historismus (1954), S. 262.

[8] Actiones sind im römischen Recht die Formen der zivilrechtlichen Klagen.

lich im einzelnen noch wenig erforscht sind[9]. Insbesondere gilt dies für die auf der Logik des Petrus Ramus (1515—1572) aufgebauten juristischen Werke.

Erst das Naturrecht der Aufklärung bringt eine neue Form des juristischen Systems; jetzt werden gewisse oberste Prinzipien aufgestellt und daraus speziellere Regeln in der Weise abgeleitet, daß man sie auf die besonderen typischen Situationen des Soziallebens anwendet. Bei diesen Systemen handelt es sich zum mindesten der Tendenz nach um ein System von aus Axiomen abgeleiteten Prinzipien — ohne daß dieses Ziel freilich wirklich erreicht worden wäre.

Eine dritte Form des Systems haben wir in der Systematik der deutschen Pandektistik, insbes. bei Savigny[10]. Zwar enthält dieses System auch Elemente der beiden soeben geschilderten Typen; es verwendet vielfach Leitbegriffe, nicht Leitsätze (z. B. den Begriff der juristisch relevanten „Handlung"); es bildet allgemeine Sätze, indem es mit den anhand allgemeiner Leitbegriffe herausgearbeiteten Tatbeständen wie etwa dem der Willenserklärung bestimmte allgemeine Sätze verknüpft; es stellt als oberstes Prinzip das der Anerkennung menschlicher Freiheit auf. Aber das eigentlich Charakteristische dieses Systems ist der Gedanke, die Masse der positiven Rechtsnormen jeweils bestimmten, im gesellschaftlichen Leben selbst gegebenen und von der Sittlichkeit des Volksgeistes durchdrungenen und gestalteten *Rechtsinstituten* wie Ehe, Familie, väterliche Gewalt, Eigentum usw. zuzuordnen. Die die Institute beherrschenden sittlichen Gedanken sollen zugleich die Auslegung der ihnen zugehörigen Einzelnormen beherrschen und der Schließung eventueller Lücken dienen. Mit diesem Gedanken wird das System als Abbild einer in den Dingen selbst gegebenen Ordnung aufgefaßt und ist gerade deshalb nicht nur geordnete Darstellung, sondern auch für die Rechtspraxis fruchtbar.

Schlagwortartig kann man also die in der Geschichte der Rechtswissenschaft entwickelten Systeme in drei Gruppen teilen:

Lehrsysteme, die die juristischen Stoffe anhand von Leitbegriffen übersichtlich ordnen;
deduktive Systeme aus Prinzipien;
Systeme, die versuchen, eine dem Sozialleben immanente Ordnung widerzuspiegeln.

[9] vgl. jetzt Übersicht bei *Troje*, Wissenschaftlichkeit und System in der Jurisprudenz des 16. Jahrhunderts, in: Philosophie und Rechtswissenschaft (1969), S. 63 ff.

[10] System des heutigen Römischen Rechts (ab 1840 in acht Bänden erschienen).

Freilich muß man einer solchen Unterscheidung sogleich hinzusetzen, daß kein historisches System einen dieser Typen rein verwirklicht. Keines dieser Systeme entspricht ferner den Anforderungen der modernen Logik; der Versuch, eine positive Rechtsordnung vollständig zu axiomatisieren und mit den Mitteln des modernen Logik-Kalküls darzustellen, wird zwar als möglich angesehen, ist aber noch nicht durchgeführt worden[11].

Ein vollständiges juristisches System müßte zweierlei enthalten:

1. alle für eine rechtliche Ordnung überhaupt in Betracht kommenden Prinzipien, also eine vollständige Tafel der Grundsätze der Gerechtigkeit;

2. alle für eine rechtliche Ordnung in Betracht kommenden Lebenssituationen und ihre Eigengesetzlichkeit.

In dieses System müßten sich dann die historischen Rechtsordnungen als Teil- und Annäherungslösungen gewissermaßen einzeichnen lassen.

Ein solches System ist nie entwickelt worden; es setzte die vollständige Kenntnis der sittlichen Welt und der natura rerum voraus. Am nächsten kommt ihm vielleicht die Systematik umfassender rechtsvergleichender Darstellungen; denn alle Rechtsvergleichung arbeitet uneingestanden mit einem überpositiven und annäherungsweise universalen System.

Die bisher entworfenen Systeme sind von der Entwicklung immer wieder überholt worden. Dies zeigt sich dann darin, daß bestimmte Probleme in dem System keinen Platz mehr finden und in seinem Rahmen nicht mehr sachgerecht gelöst werden können. So beruht das klassische System der deutschen Pandektistik auf dem Modell der Gesellschaft gleichmäßig freier Einzelner, deren Rechtsbeziehungen im wesentlichen auf Vertrag und Eigentum beruhen; in diesem Modell ist weder Platz für die Probleme, die aus dem Vorhandensein großer privater Organisationen und damit privater Macht erwachsen, noch für mehr technische wie diejenigen des Vertrauensschutzes und der um seinetwillen auferlegten Haftungen[12]. Das System kann also, jedenfalls nach unserer bisherigen Einsicht, nie als Abschließendes entworfen werden.

Sohm hat deshalb das System überhaupt nur mit ästhetischen Gründen rechtfertigen wollen: er hat die Systembildung als „ideale" der

[11] *Viehweg*, Topik und Jurisprudenz (3. Aufl. 1965), S. 56—58. Wichtige Grundlagenarbeit bei *Klug*, Juristische Logik (3. Aufl. 1966), S. 12 ff., 173 ff.

[12] vgl. dazu *Coing*, Bemerkungen zum überkommenen Zivilrechtssystem, in Festschrift für Dölle I (1963), S. 23 ff.

eigentlich praktischen Aufgabe der Rechtswissenschaft gegenübergestellt[13].

Aber das heißt die Bedeutung systematischer Arbeit in der Rechtswissenschaft unterschätzen. Cardozo hat einmal gesagt: „In law, as in every other branch of knowledge, the truths given by induction tend to form the premises for new deductions.“[14] Dieses Wort trifft die Bedeutung des Systems. Jedes System faßt den in der Arbeit an den Einzelproblemen erreichten Erkenntnisstand zusammen: die erkannten Rechtsprinzipien in ihrer gegenseitigen Beziehung ebenso wie die erkannten Sachstrukturen, die uns im Fall, im Gegenstand der Regelung entgegentreten. Es erleichtert damit nicht nur Übersicht und praktische Arbeit; es wird auch Ursprung neuer Erkenntnisse über bestehende Zusammenhänge, die erst das System deutlich macht, und damit Grundlage weiterer Entwicklung des Rechts. Eine Wissenschaft, die nur am Einzelproblem arbeitete, würde nicht in der Lage sein, zur Entdeckung größerer Zusammenhänge von Problemen zu weiteren Prinzipien fortzuschreiten; sie würde in der Rechtsvergleichung die Funktions-Verwandtschaft verschieden ausgeprägter positiver Institute und Regeln nicht erkennen. Darum bleibt die Arbeit am System eine dauernde Aufgabe: nur muß man sich bewußt sein, daß kein System die Fülle der Probleme deduktiv beherrschen kann; das System muß *offen* bleiben. Es ist nur eine vorläufige Zusammenfassung. Die Rechtswissenschaft schreitet im Problemdenken fort. Auch für die Rechtswissenschaft gilt die Feststellung Nicolai Hartmanns: „Ein unendlicher Verstand, der alle Problemlinien bis in ihre entferntesten Konsequenzen übersehen könnte, ... würde ... das System so anlegen, daß alles in ihm seinen Ort fände. Ein endlicher Verstand wird das nie können. Seine Systembildungen sind nur Antizipationen des Ganzen vor dessen wirklicher philosophischer Durchdringung und Überschau.“[15] Aber vom sorgfältig entworfenen juristischen System, wie es das des 19. Jahrhunderts ist, gilt auch das Wort des Biologen Köhler: „Die Wahrheit von heute ist der *Spezialfall* von morgen“, d. h. es behält in engeren Grenzen seine Bedeutung und Anwendbarkeit[16].

[13] vgl. *Sohm-Mitteis-Wenger,* Institutionen des Römischen Rechts (17. Aufl. 1926) Einleitung, S. 32.

[14] *Cardozo,* Nature of the Judicial Process (zitiert nach den von M. Hall hrsg. „Selected Writings of Benjamin Nathan Cardozo“, 1947), S. 124.

[15] *N. Hartmann,* Diesseits von Idealismus und Realismus, Kantstudien XXIX (1924), S. 163.

[16] Diesen Ausspruch erwähnt *K. Lorenz* im Vorwort zu „Darwin hat recht gesehen“ (1965). — Eine vorzügliche Darstellung der Bedeutung und der

3. Die moderne Rechtswissenschaft beruht auf der Verwendung aller der Gesichtspunkte, die uns in den vorangegangenen Erörterungen entgegengetreten sind. Sie benutzt die alt-ehrwürdige grammatisch-logische Auslegung ebenso wie die soziologische und axiologische Methode, von denen diese auf den Gerechtigkeitsgehalt einer Regelung, jene auf ihre gesellschaftlichen Bedingungen reflektiert. Sie arbeitet ebenso mit den Ergebnissen historischer Untersuchungen über die Entstehung der positiven Normen, die sie zu behandeln hat, wie mit der Hilfe, die ein zusammenfassendes System gewähren kann.

Sie verwendet schließlich die Ergebnisse zweier Hilfsdisziplinen, auf die hier noch kurz einzugehen ist, der Rechtsgeschichte und der Rechtsvergleichung.

Die Rechtsgeschichte ist zunächst die Geschichte der geltenden Gesetze, die Gesetzgebungsgeschichte. Sie arbeitet mit den Dokumenten, die über die Gesetzgebungsgeschichte vorhanden sind, den sogen. Materialien, und sucht die subjektiven und objektiven Umstände, die zur Entstehung der Regel geführt haben, zu ermitteln: also die Auffassung der Gesetzesverfasser (der damit betrauten Beamten und parlamentarischen Kommissionen etwa), die etwa bestehenden gesellschaftlichen Ordnungsfragen, die den Anstoß zur Aufstellung der Regeln gegeben haben usw. Handelt es sich um eine Regel des Richterrechts, die in einer Entscheidung aufgestellt ist, so wird man den Fall, der zu ihrer Aufstellung geführt hat, ebenso analysieren wie die Problemgeschichte, d. h. frühere Fälle und frühere Gesichtspunkte, mit denen die Gerichte gearbeitet haben. Diese Form der Rechtsgeschichte ist die Grundlage der historischen Auslegung.

Dieser historischen Erfassung einer bestimmten Rechtsregel steht gegenüber die allgemeine Rechtsgeschichte. Ihr Gegenstand ist zunächst die Geschichte der juristischen Ideen, d. h. der Gedanken, die im Laufe der Kulturentwicklung die rechtliche Ordnung bestimmt haben, insbes. natürlich derjenigen, die noch in die Gegenwart hineinwirken. Hierhin gehören Ideen wie Gleichheit und Freiheit als Grundlagen der politischen Verfassung, Privatautonomie und Eigentum als Grundlage des Privatrechts usw. Die allgemeine Rechtsgeschichte hat sodann deutlich zu machen, vor welche Ordnungsprobleme die einzelne juristische Epoche gestellt war, welche Probleme etwa im 19. Jahrhundert die allmählich auf dem Kontinent fortschreitende industrielle Revolution mit sich gebracht hat. Diese Probleme haben die einzelnen Gesellschaften dann auf der Grundlage ihrer leitenden

Grenzen des Systemdenkens in der Jurisprudenz gibt *Horn*, NJW 1967, S. 601 ff.

Ideen dadurch gelöst, daß sie bestimmte Institutionen, juristische Prinzipien und Regeln geschaffen haben. Deren Entstehung, ihre Entwicklung und Umformung, ihre Bewährung oder Nichtbewährung in der Praxis des sozialen Lebens zu erforschen, bildet den dritten Problemkreis, dem sich die Rechtsgeschichte zuwenden muß[17]. Mit diesen Untersuchungen erarbeitet sie ein Material, das einmal unmittelbar für das Verständnis der Grundlagen einer gegebenen Ordnung von Bedeutung ist, zum anderen aber auch zu vergleichender Würdigung der vorhandenen Regelung dienen kann.

Von besonderer Bedeutung für die moderne Rechtswissenschaft ist das Mittel der Vergleichung geworden, das ja zu den klassischen Methoden der Hermeneutik gehört. Verglichen werden heute nicht mehr nur die einzelnen Rechtsordnungen als solche, sondern es steht vielmehr die Vergleichung der Problemlösungen im Vordergrunde. Beherrschend tritt dabei der Gedanke hervor, daß es im Rechtsleben einerseits Probleme gibt, die permanent in der Zeit sind, etwa die Frage der Regelung des Irrtums beim Vertrage, oder doch Probleme, die in der Gegenwart sich in verschiedenen Rechtsgemeinschaften gleichmäßig stellen. Dieser Sachverhalt ermöglicht es, die verschiedenen Lösungen, die das gleiche Problem in verschiedenen Rechtsordnungen gefunden hat, und die Bewährung dieser Lösungen miteinander zu vergleichen. Es zeigt sich, daß die Zahl der möglichen Lösungen keineswegs unbegrenzt ist, daß es vielmehr immer nur eine beschränkte Zahl von Gesichtspunkten gibt, die eine befriedigende, d. h. praktische und gerechte Lösung ermöglichen. Die moderne Rechtsvergleichung bedeutet also, daß die historisch gegebene positive Lösung sozusagen im Lichte der allgemeinen, überhaupt denkbaren Lösungen der gegebenen Probleme untersucht und eingeordnet wird, die historische einmalige Lösung also in einem ausgezeichneten Sinn auf das Allgemeine zurückbezogen wird. Dadurch wird nicht nur die eigene Lösung in ihrer Besonderheit verständlicher, es können vielfach auch Schwierigkeiten des eigenen Rechts durch diesen Vergleich geklärt und überwunden werden.

4. Versucht man nun die Rechtswissenschaft in ihren eben geschilderten Methoden in das Gesamtbild der Wissenschaft einzuordnen, so wird man sie den Geisteswissenschaften, und hier zunächst den interpretierenden Wissenschaften zuordnen müssen. Grundlage aller

[17] Eine vorzügliche Definition der Aufgaben der Rechtsgeschichte bietet *Raymond Saleilles'* Aufsatz „Quelques mots sur le rôle de la méthode historique dans l'enseignement du droit" Revue Internationale de l'enseignement XIX (1890), S. 482—503.

juristischen Arbeit sind Texte und ihre Interpretationen. Aber gegenüber den philologischen Disziplinen unterscheidet sich die Rechtswissenschaft nun doch durch zwei Momente.

Zunächst — das haben wir schon hervorgehoben — ist die Rechtswissenschaft angewandte Geisteswissenschaft. Sie steht im Dienste der praktischen Verwirklichung der Rechtsordnung. Sie soll Regeln für die Entscheidung von Fällen bereitstellen. Ihre Arbeit hat also, ähnlich wie die der Medizin, ein praktisches Ziel.

Zum anderen: Die Rechtswissenschaft ist zwar nicht, wie vielfach behauptet wird, eine Sozialwissenschaft, denn sie fragt nicht kausal nach Abläufen innerhalb der Gesellschaft, oder phänomenologisch nach vorhandenen gesellschaftlichen Strukturen, sondern nach der gerechten Ordnung einer bestimmten Gesellschaft. Sie ist die Wissenschaft von den geltenden Ordnungen. Aber die Rechtswissenschaft kann sich auf der anderen Seite nicht von den Sozialwissenschaften isolieren. Sie bedarf der Kenntnis der sozialen Wirklichkeit. Ein Rechtsgelehrter, der etwa im Bereich des Kartellrechts, des Arbeitsrechts oder des Wettbewerbsrechts arbeitet, muß die einschlägigen tatsächlichen Verhältnisse kennen. Er muß wissen, wie Kartelle funktionieren, wie Tarifverhandlungen tatsächlich ablaufen, wie der Kampf im Wettbewerb tatsächlich aussieht. Er bedarf daher des ständigen Kontaktes und der ständigen Hilfe der Vertreter der Sozialwissenschaften. Jede Isolierung, jede Abkapselung wäre für die Rechtswissenschaft gefährlich.

Zusammenfassend wird man die Rechtswissenschaft daher als praktische, als angewandte Geisteswissenschaft bezeichnen müssen, die den Sozialwissenschaften nahesteht.

Wegen ihrer praktischen Natur hat im 19. Jahrhundert v. Kirchmann der Rechtswissenschaft den Charakter als Wissenschaft bestritten, weil sie ausschließlich von den vergänglichen positiven Gesetzen abhängig sei. Wer so denkt, übersieht, daß Rechtswissenschaft betreiben heißt, die geltenden Gesetze als *einen* Lösungsversuch von dauernden Problemen der Ordnung unter dauernden Prinzipien der Gerechtigkeit zu verstehen. So mag der Jurist getrost der Meinung Kirchmanns den Satz von Edmund Burke entgegensetzen: „The science of jurisprudence, the pride of the human intellect, which with all his defects, redundancies and errors is the collected reason of the ages combining the principles of original justice with the infinite variety of human concerns."

SCHRIFTTUM

I. *Zur wissenschaftlichen, insbes. geisteswissenschaftlichen Methode*

Albert, Hans
Traktat über kritische Vernunft.
Tübingen 1968

Barth, Hans
Wahrheit und Ideologie.
Zürich 1945

Betti, Emilio
– Teoria generale della interpretazione.
2 Bde. Milano 1955
– Die Hermeneutik als allgemeine Methodik der Geisteswissenschaften.
Tübingen 1962

Bochenski, I. M.
Die zeitgenössischen Denkmethoden.
2. Aufl. München 1959

Bollnow, Otto Friedrich
– Das Verstehen. Drei Aufsätze zur Theorie der Geisteswissenschaften.
Mainz 1949
– Die Methode der Geisteswissenschaften. Vortrag.
Mainz 1950

Collingwood, Robin George
– The Idea of History = Philosophie der Geschichte.
Stuttgart 1955
– Denken. Einl. von Hans-Georg Gadamer.
Stuttgart 1955

Dilthey, Wilhelm
– Einleitung in die Geisteswissenschaften.
(Ges.Schr. I, 4. Aufl. 1959)
– Die geistige Welt. Einleitung in die Philosophie des Lebens.
(Ges.Schr. V, 2. Aufl. 1957)
1. Abhandlungen zur Grundlegung der Geisteswissenschaften.

Gadamer, Hans-Georg
Wahrheit und Methode. Grundzüge einer philosophischen Hermeneutik.
2. Aufl. Tübingen 1965

Habermas, Jürgen
Erkenntnis und Interesse.
Frankfurt a. M. 1968

Hartmann, Nicolai
Diesseits von Idealismus und Realismus.
Kantstudien Bd. XXIX (1924)

Kambartel, Friedrich
Erfahrung und Struktur.
Frankfurt a. M. 1968

Lorenzen, Paul
Methodisches Denken.
Frankfurt a. M. 1969

Mannheim, Karl
Ideologie und Utopie.
4. Aufl. Frankfurt a. M. 1965

Marrou, Henri Irénée
De la connaissance historique.
3. éd. Paris 1958

Popper, Karl Raimund
Logik der Forschung.
Wien 1935

Rickert, Heinrich
Zur Lehre von der Definition.
3. Aufl. Tübingen 1929

Rothacker, Erich
– Logik und Systematik der Geisteswissenschaften.
München 1965
– Die dogmatische Denkform in den Geisteswissenschaften und das Problem des Historismus.
Wiesbaden 1954

Staiger, Emil
Die Kunst der Interpretation.
3. Aufl. Zürich 1961

Wach, Joachim
Das Verstehen. Grundzüge einer Geschichte der hermeneutischen Theorie im 19. Jahrhundert.
3 Bde. (Nachdruck) Hildesheim 1966

II. *Zu einigen historischen Formen der Rechtswissenschaft*

1. *Römisches Recht*

Coing, Helmut
Zur Methodik der republikanischen Jurisprudenz,
in: Studi in onore Vincenzo Arangio-Ruiz, Bd. I (1952),
S. 365ff.

Bund, Elmar
Untersuchungen zur Methode Julians.
Köln/Graz 1965

Himmelschein, J.
Studien zu der antiken Hermeneutica iuris,
in: Symbolae Friburgenses in honorem O. Lenel (Leipzig 1931),
S. 373ff.

Kaser, Max
Zur Methode der römischen Rechtsfindung,
in: Nachrichten d. Akad. d. Wiss. in Göttingen, I. Philosophisch-Historische Klasse, 1962, Nr. 2,
S. 49ff.

Meyer, Ernst
Die Quaestionen der Rhetorik und die Anfänge juristischer Methodenlehre,
in: SZ Rom. Abt. Bd. 68 (1951), S. 30ff. Nachtrag a.a.O. Bd. 72 (1955), S. 357ff.

Schmidlin, Bruno
Die römischen Rechtsregeln. Versuch einer Typologie.
Köln/Wien 1970

Schulz, Fritz
Geschichte der römischen Rechtswissenschaft.
Weimar 1961

Stroux, Johannes
Römische Rechtswissenschaft und Rhetorik.
Potsdam 1949

2. *Mittelalterliche Rechtswissenschaft*

Coing, Helmut
Die Anwendung des Corpus Iuris in den Consilien des Bartolus,
in: Studi in memoria di P. Koschaker, Bd. 1 (1954), S. 71ff.

Genzmer, Erich
Die justinianische Kodifikation und die Glossatoren,
in: Atti del Congresso inter-

nazionale di diritto romano, Bologna vol. I. Pavia 1934

Gilson, Etienne
History of Christian Philosophy in the Middle Ages.
London 1954

Grabmann, Martin
Die Geschichte der scholastischen Methode.
2 Bde. Darmstadt 1956

Kantorowicz, Hermann
The Quaestiones Disputatae of the Glossators,
in: Tijdschrift voor Rechtsgeschiedenis, Bd. 16 (1939), S. 1ff.

Post, Gaines
Studies in Medieval Legal Thought.
Princeton 1964

Weimar, Peter
Argumenta Brocardica,
in: Studia Gratiana Bd. XIV (1967), S. 89ff.

3. *Deutsche Pandektistik*

Coing, Helmut
— Rechtsverhältnisse und Rechtsinstitutionen im allgemeinen und internationalen Privatrecht bei Savigny,
in: Eranion in honorem G. S. Maridakis, Bd. 3 (1964), S. 19ff.
— Der juristische Systembegriff bei Rudolf Ihering,
in: Philosophie und Rechtswissenschaft. (Studien zur Philosophie und Literatur des 19. Jahrhunderts, Bd. 3)
Frankfurt a. M. 1969

Dernburg, Heinrich
Pandekten.
7. Aufl., Bd. 1—3. Berlin 1902/1903
8. Aufl. (System des römischen Rechts, bearb. von Paul Sokolowski), Berlin 1912

Ihering, Rudolf von
Geist des römischen Rechts auf den verschiedenen Stufen seiner Entwicklung.
5. Aufl. Leipzig 1891ff. (insbes. Bd. II,2)

Savigny, Friedrich Carl von
System des heutigen römischen Rechts.
8 Bde., Berlin 1840—1849

Wilhelm, Walter
— Zur juristischen Methodenlehre im 19. Jahrhundert.
Frankfurt a. M. 1958
— Überpositive Systematik in der historischen Rechtsschule,
in: Philosophie und Rechtswissenschaft. (Studien zur Philosophie und Literatur des 19. Jahrhunderts, Bd. 3)
Frankfurt a. M. 1969

4. *Ecole de l'exégèse*

Bonnecase, Julien
— L'école de l'exégèse en droit civil.
Paris 1919
— La pensée juridique française de 1804 à l'heure présente.
Paris 1933

Brocher, Ch.
Etude sur les principes généraux de l'interprétation des lois, et spécialement du Code civil français.
1862

Gaudemet, Eugène
L'interprétation du Code civil en France depuis 1804.
Basel 1935

Gény, François
— Méthode d'interprétation et sources en droit privé positif. Essai

critique.
2 Bde. 2. éd. Paris 1932
— Science et technique en droit privé positif. Nouvelle contribution à la critique de la méthode juridique.
2 Bde. Paris 1914, 1915

5. *Anglo-amerikanisches Recht*

Allen, Carlton K.
Law in the Making.
7th ed. Oxford 1964

Cardozo, Benjamin N.
The Nature of Judicial Process.
Yale 1960

Cross, Rupert
Precedent in English Law.
2nd ed. Oxford 1968

Goodhart, Arthut L.
Case Law in
England and America.
Essays in Jurisprudence.
1931

James, Philipp S.
Introduction to English Law.
7th ed. London 1969

Lawson, F. H.
The Rational Strength of English Law.
Hamlyn Lectures, 3rd Series, 1951

Llewellyn, Karl N.
Präjudizienrecht und Rechtsprechung in Amerika.
Leipzig 1933

Maxwell, P. B.
On the Interpretation of Statutes.
11th ed. London 1962

Moore, R. F.
Stare Decisis. Some Trends in British and American Application of the Doctrine.
1958

Peter, Hans
Actio und Writ.
Tübingen 1957

Salmond, John W.
The Theory of Judicial Precedent, in: Law Quarterly Review XVI (1900), S. 376ff.

Schmitthoff, Clive M.
Systemdenken und Fallrecht in der Entwicklung des englischen Privatrechts,
in: JZ 1967, S. 1ff.

III. *Juristische Methodenlehre*

1. *Allgemein*

Bartholomeyczik, Horst
Die Kunst der Gesetzesauslegung.
Frankfurt a. M. 1951

Baumgarten, Arthur
Grundzüge der juristischen Methodenlehre.
Bern 1939

Betti, Emilio
— Interpretazione della legge e degli atti giuridici.
Milano 1949
— Jurisprudenz und Rechtsgeschichte vor dem Problem der Auslegung,
in: ARSP Bd. 40 (1952), S. 354ff.

Brusiin, Otto
Über das juristische Denken.
Kopenhagen/Helsingfors 1951

Burckhardt, Walther
Methode und System des Rechts.
Zürich 1936

Capitant, Henri
Les travaux préparatoires et l'interprétation des lois.
Paris 1934

Coing, Helmut
— Die juristischen Auslegungsme-

thoden und die Lehren der allgemeinen Hermeneutik.
Köln und Opladen 1959
— Rechtspolitik und Rechtsauslegung in hundert Jahren deutscher Rechtsentwicklung,
in: Verhandlungen des 43. Deutschen Juristentages (München 1960) II, S. B 1ff.

Engisch, Karl
— Einführung in das juristische Denken.
4. Aufl. Stuttgart 1968
— Aufgaben einer Logik und Methodik des juristischen Denkens,
in: Studium generale, Bd. 12 (1959), S. 76ff.
— Wahrheit und Richtigkeit im juristischen Denken. Vortrag. Münchner Univ.-Reden NF Heft 35 (1963)

Esser, Josef
— Die Interpretation im Recht,
in: Studium generale, Bd. 7 (1954), S. 372ff.
— Zur Methodenlehre des Zivilrechts,
in: Studium generale, Bd. 12 (1959), S. 97ff.

v. Hippel, Ernst
Einführung in die Rechtstheorie.
Berlin 1932

Kriele, Martin
Theorie der Rechtsgewinnung, entwickelt am Problem der Verfassungsinterpretation.
Berlin 1967

Larenz, Karl
Methodenlehre der Rechtswissenschaft.
2. Aufl. Berlin, Heidelberg, New York 1969

Levi, Edward H.
An Introduction to Legal Reasoning.
Chicago 1963

Mennicken, Axel
Das Ziel der Gesetzesauslegung. Eine Untersuchung zur subjektiven und objektiven Auslegungstheorie.
Bad Homburg 1970

Recaséns-Siches, Luis
Nueva filosofía de la Interpretacíon del Derecho.
Mexico 1956

Sauer, Wilhelm
Juristische Methodenlehre. Zugleich eine Einleitung in die Methodik der Geisteswissenschaften.
Stuttgart 1940

Schack, Friedrich / *Michel*, Helmut
Die verfassungskonforme Auslegung,
in: JuS 1961, S. 269ff.

Stammler, Rudolf
Theorie der Rechtswissenschaft.
Halle 1911

Van der Eycken, Paul
Méthode positive de l'interprétation juridique.
Bruxelles 1907

Zweigert, Konrad
Juristische Interpretation,
in: Studium generale, Bd. 7 (1954) S. 380ff.

2. *Besondere Methoden*

Coing, Helmut
— Zur Geschichte des Privatrechtssystems.
Frankfurt a. M. 1962
— Bemerkungen zum überkommenen Zivilrechtssystem,
in: Festschrift für Dölle, Bd. I (1963), S. 23ff.

Crawshey-Williams, Rupert
Methods and Criteria of Reason-

ing. An Inquiry into the Structure of Controversy.
London 1957

Danckert, Peter
Die Grenze zwischen der extensiven Auslegung und derAnalogie im Strafrecht.
Diss. Köln 1967

Diederichsen, Uwe
Topisches und systematisches Denken in der Jurisprudenz,
in: NJW 1966, S. 697–705

Dubischar, Rolf
Über die Grundlagen der schulsystematischen Zweiteilung der Rechte in sog. absolute und relative.
Diss. Tübingen 1961

Edelmann, Johann
Die Entwicklung der Interessenjurisprudenz.
Bad Homburg 1967

Forsthoff, Ernst
Zur Problematik der Verfassungsauslegung.
Stuttgart 1961

Heck, Philipp
– Gesetzesauslegung und Interessenjurisprudenz.
Tübingen 1914
– Das Problem der Rechtsgewinnung.
2. Aufl. Tübingen 1932
– Begriffsbildung und Interessenjurisprudenz.
Tübingen 1932
– Rechtserneuerung und juristische Methodenlehre.
Tübingen 1936

Heitmann, Hermann
Die Stellung der Interessenjurisprudenz innerhalb der Geschichte der juristischen Methodenlehre.
Diss. Tübingen 1936

Hering, Carl Joseph
Die Methodik des kanonischen Rechts,
in: Studium generale, Bd. 13 (1960), S. 211ff.

Hinderling, Hans Georg
Rechtsnorm und Verstehen. Die methodischen Folgen einer allgemeinen Hermeneutik für die Prinzipien der Verfassungsauslegung.
(Abh. zum schweiz. Recht 407)
Bern 1971

von Hippel, Fritz
Zur Gesetzmäßigkeit juristischer Systembildung.
Berlin 1930

Horn, Norbert
Zur Bedeutung der Topiklehre Theodor Viehwegs für eine einheitliche Theorie des juristischen Denkens,
in: NJW 1967, S. 601ff.

Jescheck, Hans-Heinrich
Methoden der Strafrechtswissenschaft,
in: Studium generale, Bd. 12 (1959), S. 107ff.

Kaufmann, Horst
Zur Geschichte des aktionenrechtlichen Denkens,
in: JZ 1964, S. 482ff.

Kramer, Ernst A.
Topik und Rechtsvergleichung,
in: RabelsZ Bd. 33 (1969), S. 1ff.

La Pira, Giorgio
La genesi del sistema nella giurisprudenza Romana.
I. Problemi generali,
in: Studi in onore di F. Virgili (1935);
II. L'arte sistematrice, in: Bullettino dell' Istitituto di diritto Romano 42 (1934), S. 336ff.;

III. Il metodo, in: Studia et Documenta Historiae et Iuris 1 (1935), S. 319ff.;
IV. Il concetto di scienza, in: Bullettino 44 (1936), S. 131ff.

Mertner, Edgar
Topos und Commonplace,
in: Festschrift für Otto Ritter, Halle a. d. S. 1956, S. 178ff.

Müller-Erzbach, Rudolf
Reichsgericht und Interessenjurisprudenz. Die Reichsgerichtspraxis im deutschen Rechtsleben.
Berlin und Leipzig 1929

Oertmann, Paul
Interesse und Begriff in der Rechtswissenschaft.
Leipzig 1931

Perelman, Chaim
— Rhétorique et philosophie.
Paris 1952
— La nouvelle rhétorique. Traité de l'argumentation.
Paris 1958
— The Idea of Justice and the Problem of Argument.
London 1963
— Justice et raison.
Bruxelles 1963

Saleilles, Raymond
Quelques mots sur le rôle de la méthode historique dans l'enseignement du droit,
in: Revue Internationale de l'Enseignement, Bd. XIX (1890), S. 482ff.

Savigny, Friedrich Carl von
Juristische Methodenlehre. Nach der Ausarbeitung des Jakob Grimm hrsg. von Gerhard Wesenberg.
Stuttgart 1951

Schneider, Egon
Rechtspraxis und Rechtswissenschaft. Gedanken zur Methodenlehre,
in: MDR 1967, S. 6ff.

Schneider, Peter und *Ehmke*, Horst
Prinzipien der Verfassungsinterpretation,
in: VVdStRL Bd. 20 (1963), S. 1ff., 53ff.

Schwarz, Andreas B.
Zur Entstehung des modernen Pandektensystems,
in: SZ Rom. Abt. Bd. 42 (1921), S. 578ff.

Stoeckli, Walter A.
Topic and Argumentation,
in: ARSP Bd. 54 (1968), S. 581ff.

Stoll, Heinrich
Begriff und Konstruktion in der Lehre der Interessenjurisprudenz,
in: Festgabe für Philipp Heck, Max Rümelin, Arthur Benno Schmidt (= AcP Bd. 133), 1931, S. 60ff.

Stone, Julius
Legal System and Lawyers' Reasonings.
Stanford 1964

Troje, Hans-Erich
Wissenschaftlichkeit und System in der Jurisprudenz des 16. Jahrhunderts,
in: Philosophie und Rechtswissenschaft (1969), S. 63ff.

Viehweg, Theodor
Topik und Jurisprudenz.
4. Aufl. München 1969
dazu *Coing*, in: ARSP Bd. 41 (1955), S. 436ff.

Walter, Max
Topik und richtiges Recht.
Diss. Zürich 1971

Weber, Friedrich
Zur Methodik des Prozeßrechts,
in: Studium generale, Bd. 13 (1960), S. 183ff.

Wieacker, Franz
– Zum System des deutschen Vermögensrechts.
Leipzig 1941
– Notizen zur rechtshistorischen Hermeneutik.
Göttingen 1963

Wilburg, Walter
Entwicklung eines beweglichen Systems im bürgerlichen Recht.
Graz 1950

Zajtaj, Imre
Begriff, System und Präjudiz in den kontinentalen Rechten und im Common Law,
in: AcP 165 (1965), S. 97ff.

Zweigert, Konrad
Zur Methode der Rechtsvergleichung,
in: Studium generale, Bd. 13 (1960), S. 193ff.

3. *Logik und Rechtswissenschaft*

Ajdukiewicz, Kazimierz
Abriß der Logik.
Berlin 1958

Bochénski, I. M.
Formale Logik.
Freiburg 1956

Carnap, Rudolf
Einführung in die symbolische Logik mit besonderer Berücksichtigung ihrer Anwendungen.
3. Aufl. Wien/New York 1968

Juhos, Béla
Elemente der neuen Logik.
Wien 1954

Kneale, William and Martha
The Development of Logic.
Oxford 1962

Kamlah, Wilhelm
Wissenschaft, Wahrheit, Existenz.
Stuttgart 1960

Lorenzen, Paul
Formale Logik.
4. Aufl. Berlin 1970

Menne, Albert
Einführung in die Logik.
Bern 1966

Sigwart, Christoph
Logik. 2 Bde.
5. Aufl. Tübingen 1924

Stegmüller, Wolfgang
Das Wahrheitsproblem und die Idee der Semantik.
Wien 1951

Ehrlich, Eugen
Die juristische Logik.
Aalen 1966
(Neudruck der 2. Aufl. Tübingen 1925)

Forsthoff, Ernst
Recht und Sprache.
Prolegomena zu einer richterlichen Hermeneutik.
Darmstadt 1964

Kalinowski, Georges
Introduction à la logique juridique. Vorwort von Chaim Perelman.
Paris 1965

Klug, Ulrich
Juristische Logik.
3. Aufl. Berlin/Heidelberg 1966

Lampe, Ernst-Joachim
Juristische Semantik.
Bad Homburg 1970

Radbruch, Gustav
Klassenbegriffe und Ordnungsbegriffe im Rechtsdenken,
in: Revue Internationale de la Théorie du Droit, Bd. 12 (1938, Neudruck 1966), S. 46ff.

Recaséns-Siches, Luis
The Logic of the Reasonable as Differentiated from the Logic of the Rational (Human Reason in

the Making and the Interpretation of the Law),
in: Essays in Jurisprudence in Honor of Roscoe Pound (1962), S. 192ff.

Rödig, Jürgen
Die Denkform der Alternative in der Jurisprudenz.
Berlin/Heidelberg 1969

Schneider, Egon
Logik für Juristen. Die Grundlagen der Denklehre und der Rechtsanwendung.
Berlin, Frankfurt a. M. 1965

Schreiber, Rupert
Logik des Rechts.
Berlin, Göttingen, Heidelberg 1962

Steinwenter, Artur
– Prolegomena zu einer Geschichte der Analogie I,
in: Festschrift Fritz Schulz, Bd. 2 (1951), S. 345ff.
– Prolegomena zu einer Geschichte der Analogie II,
in: Studi in onore di Vincenzo Arangio-Ruiz, Bd. 2 (1953), S. 169ff.
– Analoge Rechtsanwendung im Römischen Recht,
in: Studi in memoria di Albertario, Bd. 2 (1953), S. 105ff.

Strache, Karl-Heinz
Das Denken in Standards. Zugleich ein Beitrag zur Typologie.
Berlin 1968

Viehweg, Theodor
La logique moderne du droit,
in: Archives de Philosophie du Droit, Bd. 11 (1966), S. 207ff.

Wagner, Heinz / *Haag*, Karl
Die moderne Logik in der Rechtswissenschaft.
Bad Homburg 1970

Weinberger, Ota
Rechtslogik. Versuch einer Anwendung moderner Logik auf das juristische Denken.
Wien/New York 1970

IV. *Gesetzesanwendung und Rechtsfortbildung*

1. *Gesetzesanwendung*

Binding, Karl
Handbuch des Strafrechts. Bd. 1.
Leipzig 1885

Bülow, Oskar
Gesetz und Richteramt.
Leipzig 1885

Brütt, Lorenz
Die Kunst der Rechtsanwendung.
Berlin 1907

Burckhardt, Walther
Die Lücken des Gesetzes und die Gesetzesauslegung.
Bern 1925

Canaris, Claus-Wilhelm
Die Feststellung von Lücken im Gesetz.
Berlin 1964

Engisch, Karl
– Die Idee der Konkretisierung in Recht und Rechtswissenschaft unserer Zeit.
Heidelberg 1953
– Logische Studien zur Gesetzesanwendung.
3. Aufl. Heidelberg 1963

Esser, Josef
Vorverständnis und Methodenwahl in der Rechtsfindung. Rationalitätsgarantien der richterlichen Entscheidungspraxis.
Frankfurt a. M. 1970

Flume, Werner
Richter und Recht.
München u. Berlin 1967

Germann, Oskar Adolf
– Auslegung und freie Rechtsfindung.
Bern 1941
– Probleme und Methoden der Rechtsfindung.
2. Aufl. Bern 1967
– Zum Verhältnis zwischen Rechtsquellen und Rechtsfindung,
in: Festschrift Hans Lewald (Basel 1953), S. 485ff.
– Präjudizien als Rechtsquelle. Eine Studie zu den Methoden der Rechtsfindung.
Stockholm 1960

Heller, Theodor
Logik und Axiologie der analogen Rechtsanwendung.
Berlin 1961

Isay, Hermann
Rechtsnorm und Entscheidung.
Berlin 1929

Kohler, Josef
Lehrbuch des Bürgerlichen Rechts. Bd. 1. Allgemeiner Teil.
Berlin 1906

Liver, Peter
Der Wille des Gesetzes. Rektoratsrede.
Bern 1954

Meier-Hayoz, Artur
Der Richter als Gesetzgeber. Eine Besinnung auf die von den Gerichten befolgten Grundsätze im Bereich der freien richterlichen Rechtsfindung gem. Art. 1 Abs. 2 des schweiz. Zivilgesetzbuches.
Zürich 1951

Du Pasquier,
Les lacunes de la loi et la jurisprudence suisse sur l'Article 1er CCS. 1951

Reinhardt-König
Richter und Rechtsfindung. Von Rudolf Reinhardt und Wilhelm König. Zwei Vorträge.
München und Berlin 1957

Rumpf, Max
Gesetz und Richter. Versuch einer Methodik der Rechtsanwendung.
Berlin 1906

Sax, Walter
Das strafrechtliche Analogieverbot.
Göttingen 1953

Scheuerle, Wilhelm A.
Rechtsanwendung.
1952

Schneider, Egon
Die Methode der Rechtsfindung.
in: MDR 1963, S. 99ff.

Zitelmann, Ernst
Lücken im Recht.
Leipzig 1903

2. *Rechtsfortbildung*

Arndt, Adolf
Gesetzesrecht und Richterrecht,
in: NJW 1963, S. 1273ff.

Bachof, Otto
Grundgesetz und Richtermacht. Rede.
Tübingen 1959

Betti, Emilio
Ergänzende Rechtsfortbildung,
in: Festschrift für Leo Raape (1948), S. 379ff.

Danz, Erich
Richterrecht.
Berlin 1912

Esser, Josef
– Grundsatz und Norm in der richterlichen Fortbildung des

Privatrechts.
2. Aufl. Tübingen 1964
– Richterrecht, Gerichtsgebrauch und Gewohnheitsrecht,
in: Festschrift für Fritz von Hippel (1967), S. 95ff.

Fuchs, Ernst
– Gerechtigkeitswissenschaft. Ausgewählte Schriften zur Freirechtslehre. Hrsgg. v. A. S. Foulkes und Arthur Kaufmann.
Karlsruhe 1965
– Juristischer Kulturkampf.
Karlsruhe 1912

Gnaeus Flavius (= Hermann Kantorowicz)
Der Kampf um die Rechtswissenschaft.
Heidelberg 1906

Hedemann, Justus Wilhelm
Die Flucht in die Generalklauseln.
Tübingen 1933

Larenz, Karl
– Wegweiser zu richterlicher Rechtsschöpfung,
in: Festschrift für Arthur Nikisch (1958), S. 275ff.
– Kennzeichen geglückter richterlicher Rechtsfortbildungen. (Vortrag)
Karlsruhe 1965
– Richterliche Rechtsfortbildung als methodisches Problem,
in: NJW 1965, S. 1ff.

Less, Günter
Von Wesen und Wert des Richterrechts.
Erlangen 1954

Reichel, Hans
Gesetz und Richterspruch.
Zürich 1915

Sauer, Wilhelm
Die grundsätzliche Bedeutung der höchstrichterlichen Rechtsprechung für Praxis und Wissenschaft,
in: Die Reichsgerichtspraxis im deutschen Rechtsleben. Festgabe der jur. Fakultäten zum 50jähr. Bestehen des Reichsgerichts.
Bd. 1 (1929), S. 122ff.

Schmidt, Eberhard
Gesetz und Richter. Wert und Unwert des Positivismus. (Vortrag)
Karlsruhe 1952

Schweizer, Otto
Freie richterliche Rechtsfindung intra legem als Methodenproblem.
Basel 1959

Weinkauff, Hermann
Richtertum und Rechtsfindung in Deutschland,
in: Berliner Kundgebung 1952 des Dt. Juristentages (Tübingen 1952), S. 13ff.

Werner, Fritz
– Das Problem des Richterstaates. (Vortrag)
Berlin 1960
– Zum Verhältnis von gesetzlichen Generalklauseln und Richterrecht.
Karlsruhe 1966

Westermann, Harry
Wesen und Grenzen der richterlichen Streitentscheidung im Zivilrecht.
Münster 1955

Wieacker, Franz
Gesetz und Richterkunst. Zum Problem der außergesetzlichen Rechtsordnung.
Schriftreihe der jur. Studienges. Karlsruhe, Heft 34 (1958)

NOTIZEN

NOTIZEN

NOTIZEN

NOTIZEN

NOTIZEN

FSC
www.fsc.org
MIX
Papier | Fördert
gute Waldnutzung
FSC® C083411

Kolibri 360 GmbH
Ferdinand-Jühlke-Straße 7
99095 Erfurt, Deutschland
produktsicherheit@kolibri360.de